LA TOYSON D'OR

OV LA FLEVR DES THRE-
SORS, EN LAQVELLE EST SVCCIN-
ctement & methodiquement traicté
de la Pierre des Philosophes, de son excellence, effects & vertu admirable.

PLVS
De son Origine, & du vray moyen de pouuoir
paruenir à sa perfection.

ENRICHIES DE FIGVRES, ET DES
propres Couleurs representees au vif, selõ qu'elles doiuēt
necessairement arriuer en la pratique de ce bel Oeuure.

ET
Recueillies des plus graues monuments de l'Antiquité, tant Chal-
deens, Hebreux, Aegyptiens, Arabes, Grecs, que La-
tins, & autres Autheurs approuuez.

Par ce Grand Philosophe SALOMON
TRISMOSIN Precepteur de Paracelse.

Traduict d'Alemand en François, & commenté en forme de
Paraphrase sur chasque Chapitre par L. I.

A PARIS,
Chez CHARLES SEVESTRE, ruë S.
Iacques deuant les Mathurins.

M. DC. XII.

A
TRES-HAVLT ET TRES-
ILLVSTRE PRINCE, MON-
SEIGNEVR FRANCOIS DE
BOVRBON, PRINCE DE CONTY,
Souuerain de Chasteau-Renaud, &
Terres d'oultre & deçà la Meuze,
Gouuerneur & Lieutenant General
du Roy aux Pays d'Anjou, Tou-
raine, & le Mayne. &c.

MONSEIGNEVR,
Ceux qui poussez de quelque al-
tiere entreprise, portent inconside-
rement les vœuz de leur constāce,
soubz le graue tableau de maintes fantaisies,
ne se donnent rien moins en l'excez inuenté d'vn
esprit fort en bouche, qu'vne ferme asseurance
de tout bon & heureux succez; lesquels ce neantmoins decheus de cette prosperité vainement
esbauchee, sont maintefois contraints de changer de propos, & iuger autrement, par vn
desauantage promptement esmaillé sur la legereté des passions immoderees, que le triste euenement de cette impression ne s'en estoit promis;
deplorant à loisir le cours de leus erreurs conceus

à côtre-poil de l'esperãce qu'ils s'estoient imaginez dans vn sommeil delicieux: lors qu'au milieu de la carriere, cinglant sans y penser en la plus haulte mer de leurs conceptions, on les void enlever au gré des vents, comme par les aisles cirees de quelque ambitieux Icare, charmé des ombres sombres de la mescognoissance, & courir risque tant de leur fortune que de leur vie, sur le dos impetueux d'vn Neptune irrité par l'esmeute des flots ennemis de leur bon-heur, que les testes sourcilleuses des vagues vagabondes ont superbement esleuez iusqu'au Ciel de leur misere, pour les precipiter dans les golphes profonds des ondes insensees, se iouant impunement du mal-heur de leur vaisseau. Il n'y a celuy d'eux qui se sentant à deux doigts du peage, ne perde iugement, & n'abandonne au mesme temps les resnes de sa prudence, pour ceder aux accez violens d'vne telle esmotion, tellement alterez des intemperies du desespoir, que leurs premieres brisees quittent la prise de cette lice, entreprise pour s'opposer aux symptomes rigoureux de la tourmente, soubs la tutelle confidente d'vn nautonnier expert, l'industrie duquel disputoit à force ouuerte de leur reste de vie, resignee entre ses mains, pendant qu'ils faisoient trefue auec le soin de leur voyage, pour receuoir de ce monstre impiteux, telle condition de viure ou de mourir, que la rigueur de ses disgraces, leur oseroit tristement imposer.

Ainsi confus, & ia quasi reduicts aux extremes soupirs d'vne necessité forcee, les Alcyons ioyeux auant-couriers des airs fauoniens, paroissans sur l'aspect rigoureux de ces fortes secousses, leur fist iecter les yeux vers vn nauire heureusement voüé à la poursuite de leur salut, qui reuoquant fort à propos du sepulchre effroyable des eaux, ces corps attenuez, & racheptez au prix de quelques ais brisez, les mist d'vne faueur inesperee au bord de leurs pretentions. Le naufrage euité les faict rentrer de plus belle, en l'esquipage qu'ils estoient, au premier train de leur voyage, & l'estroicte bienueillance des astres plus tranquilles, releuant leur esprits ia terrassez soubz les puissãs efforts de l'apprehensiõ, leur ouure le chemin des lauriers verdoyans, qu'ils trouuerent en fin semez dans la viue pepiniere de leur perseuerance.

Ce vif Tableau de longue haleine, representé sur le mesme theatre de l'imagination, recelle prudemment soubz le bandeau de sa figure allegorique, vn modelle esgaré de mes inquietudes, pour mettre au iour ce mien labeur de penible recherche. Ceux qui se sont heureusement sau-

A iij

uez des plaines mesdisantes en mesmes occasions, se pourront bien passionner aux esguillons de mon soucy, apres auoir tousiours en crainte sondé les flots des pointes acerees, mais l'ignorāce & la timidité se rendront insensibles aux mouuemēs de ma compassion. Le seul Athlete dont la valeur & l'asseurance sont souuent mis en proye, peut decider de nostre differēd par la dexterité de son experience: si ie n'auois gousté de ces appas, ie ne pourrois aussi iuger de l'amertume, & l'absynthe des ialouses rigueurs n'auroit pas attaqué la douce myrrhe de mes preseruatifs, si l'ocean de ma constance n'auoit courbé l'eschine de mes trauaux sur le sable mouuant de leur temerité: vray est que le contentement & le loisir m'ont porté d'vn plein saut à cette recreation, d'apprester le vaisseau d'vne haute science pour roder toutes les costes de ce large Vniuers, & recueillir de chaque fleur des meilleurs Philosophes, vn essain de doux miel pour vous le presenter: où les nochers de mes desseins enfantez dans la curiosité, & commandans absolument aux preparatifs de la Toyson, se sont seruis de ma plume solaire, pour ramer plus legerement sur l'horoscope veritable des bons Autheurs: & de faict mon esprit equippé, ce me sembloit, suffisamment des choses necessaires (mais plustost esbloüy de mes propres contentemens) s'exposa, au bon vent qu'il auoit ia conçeu de son labeur, sur la mer mesdisante de ce monde, sans autrement preuoir l'effort de la tempeste, qui suiuoit de bien pres les pas incertains de ma franchise, par l'indiscrete liberté des traits & morsures venimeuses. Si ne voulus-ie pas, enueloppé de ces brusques rencontres, laisser pourtant en friche le modeste trafic de mes pretentiõs, contr'opposant aux filets de leur rigueur, les rets consecutifs de ma perseuerance : mais à la fin succombant soubz le faix importun de tant d'orages, ie vy l'heure que ie tombois entre les ceps calomnieux de leur presomption, & les voiles rompus de ma fregate, abandonnez au gré de mes censeurs, s'apprestoient à mon mal-heur le triomphe de ma captiuité. Ce fut en cette deniere table, que mon proche naufrage eut besoin de vos faueurs, ce fut en ce combat, n'on d'vn à vn, ny à perte de veuë comme les Andabates, mais d'vn seul contre tous où ie me vy surpris, n'ayant sceu rêcontrer si soudain au secours de mes trauerses, l'homme tel que le Sophiste Cinique cherchoit si soigneusement en plein midy au flambeau curieux de ses desirs : mais l'auiron de mon bonheur, m'ayant conduit, en cette partie inesgale, aux Isles fortunees de vostre souuenance, beni-

A iiij

gnemēt me retira du precipice des mal-veillans, (pluſtoſt nez à la cenſure des actions humaines, qu'humblement perſuadez à faire mieux) ſi toſt que la neceſſité forçant la loy de ma diſcretion, me tourna les yeux fixement arreſtez vers les rayons brillans de voſtre puiſſance genereuſe, qui ſçeut au meſme temps diſſiper les nuages de leur enuie, comme d'vn eſclat foudroyant par la ſeule memoire de voz graues vertuz, me rendant l'air auſſi ſerain, & le trident de la marine auſſi paiſible qu'au parauant. Si deſia deliuré pour la premiere fois de ces viperes dangereuſes, le fief de ma protection releue en hommage de voſtre pieté; que pourrois-ie moins faire en ce ſecond deſtroict, que d'accourir aux meſmes vœuz qui m'ont deſia vne autre fois eſté ſalubres? A ces fins, Monſeigneur, ie proſterne les fruicts nouueaux de mon arbre d'Hermes, aux pieds reſpectueux de voſtre illuſtre Nom, pour inſpirer benignemēt ſur la ſimplicité de ces lignes craintiues, le ſoufle neceſſaire de voſtre authorité & l'agreable liqueur de vos douceurs, à ce que le venin des harpies iniurieuſes, gliſſant fortuitement ſur le ſuc de mon ouurage, ſe puiſſe heureuſement changer en viādes exquiſes & de douce ſaueur. Mais comme le ſubject eſt d'importance & releué, auſſi a il beſoin pour sa conduite d'vne lumiere plus qu'ordinaire; & comme la matiere dont nous traictōs, excelle les autres tiltres en qualité, le plus grand fruict de la gloire du monde y estant contenu, l'essence glorieuse de ses merueilles ne se peut maintenir en sa perfection, qu'en celle de vostre vnique faueur, qui surpassez en race, en grace, en renom & vertueux courage l'excellēce du monde. Mais quoy? si ie voulois entrer en contestation de ces deux circonstances, l'impossible de mon dessein seroit de la partie, & n'oserois inuiter vostre grandeur à prēdre en bōne part la source racourcie au petit pied de mon simple discours, si l'excez excellent de voz vertuz royales n'imitoit la clemence des grands Monarques, qui se mescognoissans volonitairement en ce qu'ils sont, moulent vn abregé de leurs puissances pour les entre-mesler auec la basse estofe du commū peuple, se payans discretement de la monnoye de nos sinceritez au poids esgal de nos bonnes affections, de sorte que l'intention suppleant nostre defaut, guide la regle de nos infirmitez sur le cube celeste de leurs submissions. He qui sans crainte ou sās presōption aborderoit asseurement ces essences diuines, si d'elles mesmes le rang ne se trans-formoit en Soleils de candeur & debonnaireté? Quoy que la preseance que les Princes

ont gaigné sur le reste des hommes, les puisse
auec raison distraire de nostre communication,
toutesfois ces hauts Mots se panchent humaine-
ment deuers nous, & s'humilient en leur grandeur, pour esleuer nostre simple humilité à la
participation mysterieuse de leurs prudens secrets, sçachans assez que la Clemence des grands
est du ressort de la diuinité. Sur le modelle de ces
fermes appuys, i'establiray la quadrature de
mes poursuites, & cimenteray l'anchre tres-as-
seuree de mes humbles supplications, pour es-
lancer succinctement quelques crayons de mon
repos, en la protection de vostre œil gracieux,
qui grauera benignement sur le front decouuert
de mon petit ouurage, l'auguste authorité de
vostre illustre nom, m'asseurant en iceluy de
l'entreprise delectable de mes vaisseaux embar-
quez soubs le Ciel de vos graces, attendant au
leuer d'vne benigne Aurore, l'estoille fauorable
de ma nauigation. Que si le bon augure que ie
lis en l'effigie de vostre doux visage, me respôd
de l'heureux euenement que vostre bien-veillã-
ce m'en promet, ie me croiray bien plus que for-
tuné, de pouuoir sans enuie surgir au port &
en la voye infaillible de cet Oeuure doré, qui sert
de butte à tous les beaux esprits: si dis-ie, Monseigneur, vous me donnez liberalement l'entree

tutelaire de voz dignes faueurs, ie n'auray plus cette apprehensiõ de me soubsmettre à la rigueur des flots, puisqu'à l'instant les escumeurs de ma reputation n'auront plus le pouuoir de mettre à fond le maz, ny le timon de mon vaisseau, voguãt paisiblement sur l'eau tranquille de voz douceurs. Les Satyres de ce temps forceront leur naturel passionné, à rechercher de la discretion & du silence en la volonté de vos commandemens, pour ne se precipiter eux mesmes dans les disgraces de vos seueritez, & mes esprits fondez sur l'esperance de vostre secours, flechiront les genoux de leurs intentions deuant le vif image de vos Heroïques vertus, pour en eterniser fidellement la memoire à la posterité. Ce sera donc soubz le voile de vos graces, que mes irresolutions se resoudront au voyage preparé, ne croyant pas desormais rencontrer aucun Carybde qui puisse destourner ma tramontane & l'esguille nautique de mes desseins de son sétier parfaict, franchissant libremẽt soubz l'asyle de vostre authorité, l'effroyable destroit des censures rigoureuses, & la brusque carriere des langues mesdisantes. La loy de mon deuoir imitant celle des Perses en la fidelle recognoissance de leurs Seigneurs, ne permettroit iamais que ie vous approchasse sans l'humble prouision de quelque pieuse offrande. La voicy, Monseigneur, que i'appends à voz pieds; voicy cette Toysõ, heritiere de mes vœux, que ie vous legue en derniere volonté, & dedie d'vn cœur entier à la souuenance de voz merites; à vous, qui paroissez vn oracle veritable en nostre France, & soubs lequel comme vn astre brillant elle a courageusement voire miraculeusement trauersé les nuages bazanez, qui s'efforçoient d'eclypser le Midy plus luisant de nostre beau Soleil. Que si le doux prin-teps de nostre royal Orison s'est paisiblement maintenu en l'estat d'vn bon-heur, au temps mesme le plus cuisant de sa forte tempeste, par la prudence particulierement admirable & necessaire de vostre aduis: & si vostre genereuse constance a retiré de nostre Zone, les cataractes orageuses qui pensoient fondre sur l'aggreable & odorante fleur de nos Lys, que dois-ie craindre en mes vespres Siciliennes de sinistre accident, vous ayant pour appuy? La ruine du Ciel ny le chaos pesle-meslé de l'vniuers, ne m'attireroient pas au moindre ressentiment de ces horreurs, si ie puis obtenir en ma priere l'abry & le couuert de vostre sauue-garde. Ie l'implore donc sur toutes choses, & me presente à voz grandeurs pour cet effect, la victime de mes supplications en la main, auec lesquelles & de vostre faueur ie conduiray ma nef au port delicieux de sa fin desiree : mais à condition que combattant soubz vostre authorité, & remportant vne heureuse victoire sur tous les mesdisans, il vous plaise receuoir les despoüilles de ce trophee en satisfaction de ma fidelité, laquelle ie conserueray sans fin aux vœuz perpetuels de vos Royales perfections, mariant humblement à ce iuste deuoir, le desir de prier tousiours Dieu pour vostre prosperité & parfaicte conualescence, me qualifiant à cet effect, tant que i'auray de vie,

MONSEIGNEVR.

De Paris ce 25.

Nouemb. 1612.

Vostre tres-humble,
tres-obeissant & tres-
fidele seruiteur L. I.

PRIVILEGE DV ROY.

OVIS PAR LA GRACE DE DIEV ROY de France & de Nauarre, A noz amez & feaux Cōseillers les gens tenans nostre Cour de Parlement de Paris, & à tous nos autres Iusticiers & Officiers, Salut. Nostre cher & bien amé Charles Seuestre, marchand Libraire demeurant en nostre ville de Paris, nous a faict humblement remonstrer, qu'il luy auroit esté mis és mains vn liure intitulé, *La Toyson d'or, ou la fleur des Thresors enrichies de figures, & recueillies des plus graues monumens de l'antiquité, par ce grand Philosophe Salomon Trismosin Precepteur de Paracelse, Traduict d'Allemand en François par L. I.* Lequel il desireroit faire imprimer & mettre en lumiere: mais il doubte qu'autre que luy ou ceux ausquels ledit suppliant auroit donné charge de ce faire, se voulussent ingerer de le faire imprimer, le frustrāt par ce moyen de ses frais & trauaux, s'il ne luy estoit pourueu par nos lettres sur ce conuenables. POVR CE EST-IL desirant subuenir à nos subiects selon l'exigence des cas, voulans

ledit suppliant estre recompensé de ses frais, mises, peines & trauaux, luy auós permis & octroyé, permettós & octroyós, par ces presentes d'imprimer ou faire imprimer védre & distribuer par tout nostre Royaume ledit liure sans qu'autre que ledit suppliant ou ayans cause ou pouuoir de luy le puisse imprimer ou faire imprimer védre & distribuer iusques au terme de six ans, à compter du iour & datte de l'impression, sur peine de confiscation & d'amande arbitraire, & de tous despens dommages & interests enuers luy: Voulons en outre qu'en mettant, ou faisant par luy mettre au commencement ou à la fin dudit liure ces presentes ou brief extrait dicelles qu'elles soiét tenues pour signifiees & venues à la cognoissáce de to^9 sás souffrir ne permettre luy estre fait, mis ne dóné aucun empeschemét au cótraire. CAR AINSY NOVS PLAIST IL estre faict, non obstant quelconques lettres à ce contraires. Donné à Paris le huictiesme iour d'Octobre, l'an de grace mil six cens douze, & de nostre Regne le troisiesme.

PAR LE ROY.

POVSSEPIN.

PROLOGVE.

Lphidius à bon droict estimé l'vn des plus celebres & recommandables à la Posterité d'entre les anciés & sages Philosophes de son temps, nous propose en ses diuins Escrits, que la Contemplation ordinaire, consideration mysterieuse & lecture continue des Autheurs approuuez, renommez, suffisamment pour tels recommandez, & qui nous ont à qui mieux diuinement traicté de cet œuure, admirable & non iamais assez loué, chanté ny reueré des plus rares esprits, qui par curiosité digne d'vn tel suiet, ou par compas-

sion d'y voir tant d'ames aueuglees y consommer le temps, ont bien sagement daigné produire au iour quelque brillante estincelle de l'excellence de nostre Lion qui se cognoist à la patte, pour arres seulement de l'ardente lumiere qu'ils en ont retiree, ou pour iuger pour le moins à peu pres, de la pierre precieuse par l'examen de cet eschantillō sacré : Ce sage dis-ie & preuoyant docteur, dit que la recherche de ce Soleil terrestre, rapporte autant ou plus de fruict & de contentement aux Nourriçons doctement esseuez soubz la prouidente tutelle de cette Science sur-humaine & sans doute celeste, amiablement nourris de l'aggreable laict de sa mammelle & amoureuse & sauoureuse; qu'elle peut de mespris & mescontentemēt aux oreilles bijearres de ces doctes ignorans, qui n'ont l'entendement assez rassis pour en iuger pertinemmét, & comprendre l'effect d'vn mystere si haut, si graue & serieux, la veuë assez subtile pour en voir le suiect, ny le cerueau de soy suffisamment tymbré pour arrester le prix de cette perle inestimable: ains seulemét nourris, esleuez & soulagez, rassasiez, ou pour mieux dire entretenus du suc amer d'ignoráce, se rendét incapables de viandes plus solides, pour digerer à poinct nómé & se remettre à tout propos comme vn obiect deuant les yeux, l'art de la Pierre des Sages, que nous disons le Ciel des Philosophes.

Mais à ceux là ne conseilleray-ie iamais aussi de s'empestrer plus auant dans les vagues replis de la Toison dorée, non pas mesme toucher du moindre bout du doigt ny des leures seulement ce Dedale inespuisable de leur foible portee; pour ce que ces Ceruelles efceruellées ne font pas appellez au triomphe glorieux de ce degré d'honneur, promis & affeuré aux ames feulement philofophes, non pas à tous venans, ny s'embroüiller l'efprit, affez capricieux d'ailleurs, d'ofer fuccer le miel des delices de nos iudicieux Efcrits : eftant plus à propos, vtile & profitable à ces teftes ignorantes, d'en preferer le fouuenir du couft au merite du gouft, fans f'exercer à ce labeur, ny faire quelque efpreuue fi chetiue que ce foit, de noftre operation diuine; ains pluftoft retirer du Verger verdoyant de noz precieufes Hefperides, le nez infructueux de leur infuffifance, incapable des propofitions trop fubtiles pour leur chef, de noftre œuure excellente, à l'efgard difproportionné de leurs foibles penfees.

Noftre celefte Mufe ne f'amufe pas

aussi aux caprices indifferéts de tout
le monde en gros, ains en detail considere les vns pour mespriser les autres, faisant vn choix sortable de ses
plus fauoriz & de ceux qu'elle peut
recognoistre vrays enfans de la sciéce, les appellant benignement aux
plus heureux rayons de ses rameaux
dorez, au lieu qu'elle esloigne les autres tant qu'elle peut de ses foyers.

Prophanes n'approchez de nos thresors sacrez,
Aux esleus seulement sainctement consacrez.

Rasis n'en pense pas moins au Traicté qu'il a faict de la lumiere des lumieres. Nul ne doit, ce dict il, tant de
soy presumer, sans espoir asseuré d'écourir, par le blasme certain la honte
qu'il merite, estendant ses desirs au
delà des imprudétes limites de sa capacité, pour puiser à son gré dans les
foibles ressorts de son debile esprit,
l'essence pure & nette des mixtiós admirables, quoy qu'à eux incognuës

des parfaicts Elemens. Aussi qu'à vray parler, telles sortes de gés y mettāt plus qu'ils n'ē recueilleront, s'apprestent plus de confusion que de contentement, plus de brocards que de soulagement, plus sujects mille fois à l'apprehension d'vn triste chastiment, qu'au gain du fruict premedité; sans se ressouuenir de la verge d'Apelle, qui reprit en deux mots la scientifique presomptiō d'vn rogue sauetier par la baguette de sa rigueur, à l'instant qu'il pensoit proprement estaller son discours importun hors les droictes clostures de son simple soulier, pour reprendre imprudemment, & à l'esgal d'vn venerable censeur, les traicts & le portraict de son graue tableau.

Tu pouuois, luy dict il, parler de ta pantoufle: Mais nō pas d'vn pourpoint, d'vn bras ou d'vne moufle.

Aussi est ce pourquoy fort à pro-

pos, la Bienseáce pour euiter le blasme enuenimé, & la censure d'vn public ombrageux, nous met deuant
les yeux ce poinct de modestie.

Plus qu'on ne peut on ne doit essayer;
Et tel en bruit qui ne sçayt begayer.

Auec cette autre colomne qui luy
sert d'estançon & de solide appuy.

Exerce simplement ce que la cognoissance
De ton Art t'a donné, & fais experience
De ce que tu cognois.

Mais quoy, chacun doresnauant en
ce temps miserable s'en faict tant &
tant accroire, & se flatte tellement en
son opinion, qu'il ne trouue plus rié
de trop chaud, que sa main d'arrogá-
ce ne prenne impunément, pensant
bien rencontrer en ce siecle de fer,
quelques cicles dorez, & plus asseurement que la febue au gasteau.

L'ignorant accablé dedans son ignorance,
Veut ores discourir d'vne docte science,
Pensant mesme sçauoir tout ce qu'il ne sçayt pas.

Tellement esuentez, que tenant vn grand quartier des caprices de la Lune, ils se rompent la teste à la penser faire descendre auec ses influences sur le corps de la Terre, mere des Elemens, mesme par vn sentier qu'ils ne cognurent iamais; seulement appuyez sur les apparences naturelles d'vne curiosité concupiscible & desireuse de nouueautez. Mais si tant est que *Ignoti nulla cupido*, selon le Philosophe, quelle apparence peuuent ils conceuoir des effects transcendans de nostre bon Genie?

Leur Esprit plus leger qu'vne legere nuë,
Ne peut pas bien parler d'vne chose inconnuë.

Et non plus que les aueugles qu i ne peuuent pas iuger des couleurs estans priuez de la veuë; ainsi les ignorans ne peuuent ils parler qu'en beguayāt ou les pieds soubz la table, du Ciel des Philosophes : *Si te fata vo-*

tant, aliter non, dict Augurel en sa Chrysopee.

Que si du Ciel la faueur t'est donnee,
Addonne toy à cet Art precieux,
Puis que d'ailleurs elle n'est ordonnee
Aux plus sçauans que par le don des Cieux.

Aussi commenceroisie à faire plus d'estat de leur bon iugement, s'ils se deueloppoient de cette onereuse recherche, qui ne se laisse aysemét manier à l'importunité de ces brusques auortons de science. Tous ceux qui l'implorent & presentent leur esquif à l'emboucheure de ce Golphe, n'arriuent pas à bord; & la pluspart de ceux qui y font voile ou s'embarquết à ce port, rencontrết le naufrage au milieu du chemin. Apres mille trauaux les sages Argonautes, conduits entre les ondes par la puissante main des longues Destinees, cõquirent seuls en fin cette riche Toison, à la pointe de la valeur, armee & secouruë de l'industrie, de l'experience & la patience, vrays conducteurs de la bonace expressement requise à ce diuin effect.

   — — Pauci quos æquus amauit
Iuppiter, aut ardens euexit ad æthera
   virtus,
Dieu ne l'a donne point qu'à ses plus fauo-
   riz,
Et à ceux que le Ciel a doucement nour-
   ris.

Aussi faut il, pour aborder cette Isle renommee, qu'on dict nostre Colchos, mieux preuoir le naufrage, & remarquant le poinct des causes naturelles, sçauoir au bout du doigt les plus fameux escrits qu'en ont desueloppé les meilleurs Philosophes de nos siecles passez, & iuger de la verité par la concordance de leurs peintures separees ; autrement ie les voys tous badez pour vne defense estroite de laisser seulement ouurir leurs liures à tous ces ignorans.

Osez vous fueilleter d'vne main sacrilege,
Le prix de nos cayers sans nostre priuilege?
Non non, retirez vous, voz appas ne sont pas
Pour surprendre l'oyseau qui nous sert de repas.

Les Philosophes sont curieux de comuniquer auec leurs semblables, aussi ne parlent-ils que pour les plus sçauāts: ainsi nous le maintiét la Complainte de Nature, *Si tu la sçais, ie t'ay tout dict, mais si tu ne la sçays, ie ne t'aduance en rien.* C'est pourquoy iustemét censurét ils leurs liures, sur peine de n'y rié comprendre qu'vn suc de confusion & de perte de temps, s'ils ne sont plus capables d'en cueillir le doux miel parmy tant d'autres fleurs.

Rosin conforme aux precedens autheurs, n'approuue pas non plus le temps qu'ils y employent, les baptisant du nō d'imbecilles d'esprit, pour s'appliquer si brusquemét à cet essay, sans la cognoissance des choses que les Philosophes en ont mis par escrit, Où est l'accord là est la verité, disent le Comte de Treuise & le grand Rosaire, *Concorda philosophos & benè tibi erit.*

Si de tous tes discords tu veux voir la concorde,
Des sages les accords accorde sans discorde.

Lesquels ont institué pour fondement de cet Art, vn principe naturel, non pourtant familier mais par vne operation & science cachee: Côbien qu'il soit manifeste & plus clair que le iour, que toutes choses corporelles prennent leur source & leur estre de la masse terrestre, *Terra enim est mater Elementorum; de terra procedunt & ad terram reuertuntur,* dict le docteur Hermes.

La terre est l'Element mere de toutes choses,
Que nourrice elle enceint dans sa matrice encloses.

Comme le vase des generations; aussi bien que leurs proprietez selon l'ordre du temps, par l'influence des

Cieux, (qui luy seruent de semence & de chaleur formatiue à faire germer & produire la matiere) des Planettes, du Soleil, de la Lune ou des estoiles, & ainsi des autres consecutiuement auec les quatre qualitez des Elemens, qui se seruans de matrice l'vn à l'autre, se mouuent sans cesse, & ausquels se rapportent toutes choses croissantes & naissantes auec vne origine & forme particuliere en leurs propres substances, conformement à la toute puissance & volonté diuine, qui les rendit ainsi dés le premier instant & le commencement de l'admirable creation du monde.

Tous les metaux aussi mis au rang des choses crées tiennét leur origine de la terre, mere des Elemés & nourrice de toutes choses, cóme ia cy dessus l'auons nous declaré, auec vne matiere propre & indiuidue, deriuee quát & quant des quatre proprietez des Elemens, par l'influente concurrence de la force des metaux & les conionctions de la constellation des planetes. Aristote au 4. de ses Metheores, est bien de mesme opinion, quand il maintient & dict, Que le vif-argent est bien vne matiere commune de tous les metaux, mais que la nature ramasse premieremét & vnit enséble les matieres des quatre Elemés seuls, pour apres en composer vn corps fuyuant l'effect & la proprieté de la matiere, que les Philosophes nomment Mercure ou argent vif, nõ commun ou faict par operatiõ naturelle, ains ayát vne forme parfaicte de l'or & de l'argét, ou plustost deriuant des deux metaux parfaicts. Les Naturalistes curieux de cognoistre l'estat des mineraux en parlent assez clairemét en leurs liures, sás qu'il soit icy besoin d'en escrire plus au long, sinon que sur cette asseuree & solide

baſe ſoit proprement fondé le principe & l'artifice de la pierre des ſages,
les commencemens de laquelle ſe re-
trouuët dãs le centre & le corps parfaict de la Nature, qui ne releue d'aucun eſtre viuãt; & d'elle meſme auſſi
luy voyons nous emprunter les ſeuls
moyens de ſa parfaicte forme & le
plus grãd contentement de ſa finale
perfection.

JE vous appelle tous, Mignons de la Nature,
Ie vous appelle tous au doux son de ma voix:
Venez d'vn œil discret iuger de la peinture,
Que ie vous donne icy telle que ie l'auois.

Si meilleure elle estoit (meilleure ne peut estre
L'entreprise d'autruy) vous l'auriez de bon cœur:
Qu'vn Theatre d'Amour face ce ieu parestre,
Suççant modestement les fleurs de mon humeur.

Vous y pourrez cueillir dans la vigne doree
De mon sacré verger, quelque grain de verjus:
Mais si de longue main la treille est preparee,
Ces aigreurs s'en iront & ne reuiendront plus.

Ie n'empescheray pas le monde de mesdire,
Plustost veux-ie pres d'eux cette cause euoquer:
Ie les prens pour tesmoins que ie ne veux rien dire,
Qui ne soit d'vn bon goust, & non les prouoquer.

Quiconque fera mieux il faut qu'il le public,
Et donne ce Thresor à la posterité:
Mais la discretion ne aict pas qu'il s'allie
D'vn vice medisant plein de temerité.

Le reprendre est aysé, le mieux est difficile,
Et tousiours le Censeur tient quelque passion:
Mais tout considéré, qu'ils mordent file a file,
Ferme ie parestray de bonne intention.

DE

DE L'ORIGINE DE LA PIERRE DES SAGES,

ET COMME AVEC ARTIFICE elle peut estre reduite à sa perfection.

TRAITÉ PREMIER.

CETTE Pierre des Sages tire les purs Elemens de son essence par la voye asseuree d'vne nature fondamétaire, en laquelle elle s'amande, suiuant ce qu'en rapporte Hali, quád il dict, Que ceste Pierre s'influe & s'imbibe entierement sur des choses croissantes & profondes, se conglutinant, congelant & resoluant sur la

Nature, qui rend cette chose meilleure, plus parfaicte & de plus d'efficace, selon leur ordre & le téps ordóné. Sur la voye & le modelle d'vn tel artifice il faut qu'vn chacũ s'applique, & se repose sur ces principes naturels s'il desire receuoir secours & aide en sõ operatiõ par l'art de la Nature, qui se maintient si lõg temps & se preserue soy mesme iusques à ce que par son art naturel le temps vienne à parfaire la droicte forme de son intétion. Or cet artifice n'est autre chose qu'vne seule operation & parfaicte preparatiõ des matieres, que la Nature sage & prouidéte en la mixtion de cet œuure a faicte: à quoy conuient aussi la mediocre proportion & mesure asseuree de cette operation auec vn iugement meur & prudence consideree. Car cõbien que l'art se puisse attribuer le Soleil & la Lune deuátvn nouueau commencemét pour faire côme l'or, si n'est il necessaire que de l'art du secret naturel des matieres minerales, & sçauoir comme ils ont aux entrailles de la terre, le fondemét de leurs premiers principes : mais il est trescertai que l'art obserue vne autre voye que non pas la Nature, ayant à cet effect vne toute autre & diuerse operation. Il conuiét aussi puis apres que cet artifice prouenát des precedétes naturelles racines au commencemét de la Nature produise choses exquises, que la Nature ne sçauroit iamais d'elle mesme procreer : car il est vray qu'il n'est pas en sa puissance de pouuoir engendrer les choses de soy par lesquelles les metaux de la nature viennent à se procreer presque comme imparfaicts, & qui ce neantmoins incontinent apres & côme en moins de rien peuuent estre parfaicts, par les rares secrets de l'artiste ingenieux : ce qui prouient de la matiere téporelle de la Nature, & qui sert à l'artifice des hommes lors qu'elle les soulage de ses libres moyés; puis de nouueau l'artifice luy ayde par son operation téporelle, mais de façõ que cette forme accomplie puisse puis apres correspondre & se rendre conuenable aux premieres intétions de la Nature & à la derniere perfection de ses desseins. Et quoy qu'auec grand artifice cela se doiue faire, que la Pierre cy dessus mentionnee retourne au propre poinct de sa premiere forme, l'estre de laquelle elle puise des thresors de la Nature, aussi que toutes formes substantielles de chasque chose croissent de deux façons diuerses, brutallement ou par metaux ; si est ce qu'elles prouiennét toutes d'vne puissance interieure de la matiere, horsmis l'ame de l'hõme qui n'est aucunement tenuë & ne releue point, cõme les autres choses, de cette submislió terrestre & téporelle. Mais prés bien garde aussi que la forme substátielle ne se rapporte pas & ne peut condescendre à la matiere, n'estoit qu'elle se fist par vne certaine operation de quelque forme accidentaire: non toutefois que cela arriue de sa force particuliere, mais bien plustost de quelqu'autre substáce operatiue, cóme est le feu ou autre séblable chaleur y respondát à peu pres, parfaictement adioincte, qui y doit operer.

Nous prendrons la similitude d'vn œuf de poulle, pour nous mieux expliquer & rédre nostre proposition plus intelligible, auquel existe la forme substátielle de putrefaction sans la forme accidentelle, sçauoir est vne mixtion de rouge & de blanc, par la force particuliere d'vne chaleur interne & naturelle qui opere en cet œuf, quant est des poulles couuátes: Mais cóbien que cet œuf soit la matiere de la poulle, la forme toutefois n'y est point substantiellement ou accidentellement comprise, ains en puissance seulement, car la putrefaction qui est principe de toute generation, s'engendre auec l'ayde & par le moyen de la chaleur. *Calor agens in humido efficit primo nigredinē, & in sicco albedinē.*

Tout de mesme en est-il de la matiere naturelle de la Pierre sus mentionnee, en laquelle n'existe point la forme substantielle ny accidentelle sans la putrefaction ou decoction, qui la rendent en puissance ce qu'elle est par apres en effect. Reste maintenant d'entendre & dōner à cognoistre quelle habitude peut auoir ceste putrefaction si necessaire aux procreations & d'où principalement elle tire son origine.

La pourriture ou putrefaction s'engendre quelquefois par vne chaleur exterieure, conseruee en certain lieu de sa nature chaloureux, ou de l'ardeur laquelle est attiree de quelque moyen rendant humidité. Cette Putrefaction se faict semblablement d'vne froidure superflue, lors que la chaleur naturelle vient à deperir & se disperser, debiliter & corrompre d'vne froidure sur-abondāte, ce qui est proprement priuatiō, car chasque chose s'abstient de la chaleur naturelle, & se faict asseurement vne telle pourriture en choses froides & humides. Les Philosophes ne traictent aucunement de cette putrefaction, mais bien de pourriture, qui n'est autre chose qu'humidité ou siccité, par le moyen desquelles toutes choses seches viennēt à se resoudre, ioignāt le feu auec l'eau, comme dict le Treuisan, pour rentrer de rechef & reprēdre leur premier estre, sur ce qu'ils pretendent puis apres selō le propre de leur nature arrester la perfection de leur finale forme.

En cette pourriture l'humidité se reünit auec vne siccité, non toutefois tellement aride que la partie humide ne conserue pesle-mesle celle qui est seche quant & soy, & pourtant est-ce proprement vne compression des esprits ou certaine congelation des matieres. Mais lors que l'humide vient à se des-unir & faire entiere separation du sec, il faut aussi tost distraire la plus seche partie & la reduire en cendres. Ainsi les Philosophes entendent que leur pourriture, siccité, diruption ou dissolution & calcination se facent en sorte, que l'humide & le sec naturel se viennent à rejoindre, dissoudre & reünir ensemble par vne abondance d'humidité & de siccité, & par vne esgale proportiõ de temperature; à ce que plus facilement les choses superfluës & corruptibles s'euaporent & soient tirées dehors comme vapeurs inutiles & excrements fuligineux : Ne plus ne moins que la viande prise dans l'estomach s'assimile proprement & se conuertit en la mesme substance de la nature alimentee, lors qu'elle y est par vne digestiue & louable coction assaisonnee, & que de la preparation & digestion faicte au ventricule elle attire vne certaine vertu substātielle & humidité conuenable : Or par le moyen de cet humide radical la nature est conseruee & augmentee, leurs parties fuligineuses superfluës & sur-abondantes comme vn soulphre corrompu, rejettees d'ycelles. Mais il faut remarquer que chacune desdites parties veut estre alimentee selon le propre de sa nature, en laquelle elle s'esiouit & desire de demeurer & conseruer son indiuidu en ses mesmes especes. Ce que nous deuons aussi bien entendre de la

Pierre des Sages comme du Corps humain, qui change en pureté de sa substance, les formes inferieures & de differente condition, par le moyen de ce feu naturel & temperé, qui est le vray gouuerneur & la seule conduite de nostre grand vaisseau, *minor ignis omnia terit.* C'est le pilote & l'humide radical où les natures diuerses viuent paisiblement, où plusieurs contraires qualitez & differends discords composent des accords d'harmonie, assemblez par l'industrie d'vne concoction necessaire & d'vne chaleur humide, lesquels agissent d'vne esgale proportion sur ces Corps metalliques.

Le Corps deguise tout en sa propre nature,
Ce qu'on luy veut donner luy sert de nourriture:
Nostre œuure en faict ainsi des metaux imparfaicts,
Qu'elle esgale à l'esgal de ses Rois plus parfaicts.

La Toyson d'Or.

SECOND TRAICTÉ REPRE-
sentant l'Oeuure des Philosophes par le moyen de deux figures.

IL faut sçauoir, dict Morien, que nostre operation & l'Art dont nous desirons traicter presentemét, se diuisent en deux principales doctrines, les extremitez & les moyens desquelles s'attachent estroitement, s'adherant tellement l'vne à l'autre & d'vne telle & reciproque entresuite, que la fin immediate de la premiere s'allie d'vn indiuisible chaisnon, au commencement de la posterieure, & s'entre-succedent mutuellement l'vn l'autre, la derniere estant amiablement prouoquee à l'imitatiõ des mesmes actions qu'elle a peu remarquer & attentiuement considerer au precedent modelle de celle qui l'a deuancee de quelque espace de temps ; & lors tout le magistere est entierement faict & parfaict, mais elles ne se peuuent pas accommoder en autre corps qu'en leur propre matiere. Or pour mieux conceuoir cecy, & plus asseurement, il est necessaire de remarquer en premier lieu, que la Nature, selon Geber, sort de la premiere essence des metaux composez de Mercure & de Soulphre : laquelle opinion est suiuie de l'authorité de Serrarius en sa question de l'Alchimie & 25. chap. à sçauoir que la Nature procede de la source & pure essence des metaux naturels, laquelle prend au feu vne eau de putrefactiõ, qu'elle mesle auec vne pierre fort blanche & subtile, la reduisant & resoudant comme en bouillon & certaines vapeurs esleuees dans les veines de la terre, qu'elle bat à force de mouuement continuel pour la faire cuire & se vaporiser ensemble auec humidité & pareille siccité, qui se reünissent & coagulent de sorte qu'il s'en produit certaine substance que nous appellons communément Mercure ou Argent vif, lequel n'est autre chose que la source & premiere matiere des metaux, cõme si deuant l'auõs nous déja dit. Et pource le mesme autheur certifie encor au 26. chapit. que ceux la qui veulent en tant qu'il est loisible & possible, suyure la Nature, ne doiuent pas s'ayder de vif argent seulement, mais de vif argent & de soulphre tout enséble, lesquels encor ne faut il pas mesler seulement, mais aussi preparer quant & quant & assaisonner auec prudence ce que la Nature a produit & reduit en perpetuelle confluence. Or est-il qu'auec telle sorte de vif argent, la Nature commence sa premiere operation, & la finit par le naturel des metaux, desquels elle s'est contentee pour l'entiere perfection de son œuure, car elle a paracheué ce qui estoit de son deuoir & tout concedé à l'artifice, afin de pouuoir accomplir son intention à parfaire la Pierre des Philosophes & la former entierement de son dernier periode & lustre plus parfaict: aussi de faict est il certain que nous coménçons l'œuure sur les lieux où la Natu-

re a mis son but & la derniere gloire
de son ambition. Tous les Philosophes tiennẽt le vray principe de leur
operation de la derniere fin du soleil
des metaux, & confessent tous librement que celuy qui pretend quelque chose à la cognoissance de cet
œuure, ou qui parfaictement desire
proceder au comble de cet art naturel, le doit absolument & sans scrupule commencer par la fin & cessation de la Nature, & où en fin elle
se repose ayant acquis la perfection
de ses pretensions, se desistant sur la
iouyssance finale de ses actions ordinaires. Il faut donc prendre ce Soulphre & ce vif argent que la Nature
aura reduit au nombre d'vne tres-pure & tres-nette forme, estant accomplie & douee d'vne reünion si subtile, qu'aucun autre ne la sçauroit si
naïuement preparer, quelque artifice qu'il y apporte, quoy que la Na-

ture, cóme dict est, possede finalemét cette matiere par la generation formelle des metaux. Or cette matiere ainsi informee par la Nature, conduira l'ouurier à la perfection de son poinct, & l'artifice par ce moyen reüssira au port du salut de ses desseins, par la force qu'elle reçoit proprement imbibee & appliquee en telle matiere; à laquelle les Alchimistes adioustét le Sol pour le faire dissoudre & distinguer des Elemés, iusques à ce qu'il ayt acquis vne nature subtile & spirituelle, à la pureté des vifs argéts & en la nature des soulphres : si bien que celle la donc est la plus proche matiere, & qui retire le plus par sa proximité & voisinance auec l'Or, pour receuoir la pure forme de cette Pierre occulte, laquelle matiere nous appellós *Mercurius Philosophorum*, puis que les deux susdicts sót ioincts & estroictement alliez l'vn à l'autre. L'opinion

nion d'Aristote ne repugne point à cette cy, ains luy est du tout conforme par l'aduis qu'il en donnoit au Grand Alexandre. Voulez vous, luy dict-il, adiouster l'or auec les autres choses précieuses, dõt les Roys sont ordinairement parez & richement coronnez, au merite de nostre Pierre? ie vous aduertis que ce Mercure est la matiere seule & chose vnique à parfaire nostre sciéce, iaçoit que le moyen de l'Operation soit enueloppé de tant de nœuds & de diuersitez, que bien peu de persónes se peuuét asseurer d'auoir vn sauf-conduit de nostre Roy pour atteindre le Centre de ce Labyrinthe tortu par le fauorable filet d'vne douce Ariadne. Or cette obscure diuersité ombragee de mille chemins ambigus, & voilee d'vne infinité de nuages espais, est vn vray coup de la main des Philosophes & tout exprez sagement desguisée: ainsi le tiennent Rosin, le Comte de Treuise, & tous les autres vnanimement, afin que chacun par la facilité de l'Oeuure ne paruienne indifferemment à cette supreme marche, & ne vienne à mespriser vn si precieux ioyau, l'ayant si facilement acquis, & comme sans peine atteint au periode honnorable de nostre Oeuure parfaict sur tous les autres œuures, que nous appellons à cet effect vne Collection, à cause de la multitude mise ensemble, & vne ferme representation de toutes les choses que comprend la Nature. C'est pourquoy parlent ainsi les Philosophes. [Faictes sublimer ce qui en peut rester, puis estant distilé & communiqué, faictes encore qu'il monte & descende, le desseichant par dehors & par dedans] &

autres doctrines infinies entrelaſ-
ſees de meſmes ambages & figures
Amphibologiques, qui doiuent
toutefois eſtre toutes enſemble, &
par conionction ſuyuies & abſo-
lument accomplies pour recueillir
en fin le fruict Nectareen de noſtre
moiſſon doree: encore qu'il ſemble
qu'Alphidius s'y vueille aucunement oppoſer, en ces termes. [Il
faut ſcauoir que quand nous ſou-
dons & congelons, nous ſublimõs
auſſi & alchymiſons ſans intermiſ-
ſion de temps, conioignans par ce
moyẽ & purifians noſtre Oeuure.]
Et plus clairement encore en ce
qui ſuyt. [Quand noſtre Corps ſera
ietté dans l'eau & qu'il viendra à e-
ſtre rachepté, il ſera incontinent
pourry, noir, ombrageux & ob-
ſcurcy, puis il s'eſuanoüira & deuiẽ-
dra comme de la chaux qui ſe ſu-
blime & exalte toſt apres] eſtát ainſi

C ij

sublimé & dissoult auec l'esprit, il se purifie, lequel est vn principe & origine tresdigne d'estre comparee à toutes les choses de l'vniuers, qui ayent vie, ou ame, esprit ou non, soit és mineraux viuās & naissans, és Elemens & à leurs compositions, aux choses froides & chaudes, aux oyseaux ; & sommairemét tout ce qui peut estre produit de la Terre iusqu'au Ciel, est contenu & coopere en puissance à nostre Art. Ces deux doctrines cy dessus métionnees signifient selon les Philosophes, cette femme noire & obscure, qui sert de clef à toute l'œuure, & qui doibt dominer en la force de nostre Pierre, scauoir en la noirceur, base asseuree de tout le fondement ; ou bié cet homme qui est la forme de nostre matiere, laquelle nous comparons fort à propos au Soleil. Cecy soit assez dit pour vn cómencemét

La Toyson d'Or. 37
de la premiere doctrine de cet Art.

FIGVRE DEVXIESME.

C iij

DECLARATION DE L'OEV-

ure, comme il y faut proceder iusques à sa finale perfection, par plusieurs Similitudes, figures, colloques & interpretations des Philosophes.

FIGVRE TROISIESME.

TROISIESME TRAICTÉ
dudict Oeuure.

LE grād Genie de nostre Sience & pere de la plus haute & rare philosophie Hermes, s'esleuant en soy mesme, & entretenant son esprit sur l'operation de l'œuure des Philosophes, escloſt en fin ces paroles.[Cecy peut estre dict cōme vne fin du monde, en ce que le ciel & la terre produiſent bien enſemble, mais perſonne ne peut par le ciel & la terre cognoiſtre nos deux doctrines precedentes, voilees de tāt d'Hieroglyphes.] Pluſieurs aussi paruenus au labeur y ont beaucoup ſué deuant que d'attrapper cette perfection, laquelle ayans atteinte, ils expliquent apres, mais auec plus d'ambiguitez amphibologiques, & tellement confuſes qu'on ne les peut comprendre, par

C iiij

leurs figures & similitudes ombragees, ains trop obscures pour ceux qui pésent suiure leurs pas, embrassans curieux cette mesme fortune, pour estre couronnez d'vne semblable palme, puis qu'ils veulent aussi courir vne pareille risque.

La premiere similitude nous demonstre que Dieu par sa toute-puissance & l'infini de sa bonté, a creé la terre toute esgale, grasse & feconde, sans arenes, sans pierres, sans montagnes, sans vallees, par l'influence des astres & operation de la Nature, & neantmoins nous voyons maintenant qu'elle ne retient rien de cet antique lustre, ains tellement desfiguree de sa perfection qu'à peine la peut on plus cognoistre de ce qu'elle souloit estre, changee en diuerses formes & figures exterieurement, de pierres fortes, hautes mótagnes & de profondes vallees interieurement, de choses terribles & de couleurs comme l'airain & les autres metaux. Quoy que toutes ces choses confuses & diuerses se trouuent à present au corps de cette terre, si prouient elle entierement de sa premiere forme, lors que de treslarge, grosse, profonde & longue qu'elle estoit auparauant, elle est reduicte en vn grand & vaste espace par la continuelle operation du Soleil, & que la chaleur s'y est tousiours conseruee vehemente, ardente & vaporeuse, se meslant confusement iusques au fond de ceste grosse masse auec la froideur & l'humidité qu'elle enferre en son corps, dont s'esleuent quelquesfois des vapeurs froides, nebuleuses, & aëriennes, qui naissét de la mixtion de ces deux regimens cótraires, desquelles renfermees & arrestees dans la terre, plusieurs autres vapeurs consecutiues naissent par la longueur du temps, tellemét fortes sur la fin, qu'elle est souuent contraincte de leur faire voye pour les laisser exhaler par l'ouuerture de son ventre, leur donnant malgré soy libre passage, lors qu'elle eust bien desiré les pouuoir retenir dás les naturels cachots de ses plus profondes cauernes, où plusieurs à la longue se retrouuant ensemble pesle mesle, faisoient tátost ammóceler plusieurs parties de terre en vn lieu par la force assemblee de ses exhalaisons, & plusieurs autres en autres lieux. Mais comme les montagnes & les vallees ont esté reduites à leur certaine fin, là principallement se retrouue aussi la terre au meilleur point temperé des quatre qualitez, chaleur, froideur, humidité & decoction desseichee, bouillie, ou aucunement diminuee; or

en ces endroicts void-on l'airain le
meilleur & le plus pur. Pour cette
raison il est aisé à croire qu'és lieux
où la Terre est applanie, il n'y a poit
si grande quantité de vapeurs, ny
tant d'exhalaisons sulphurees, ce
qui la tient plus calme & en repos.
Celle qui est grasse, fangeuse, & où
l'humidité d'en-haut se retire vers le
bas & au dedás, deuiēt plus tēdre &
molle, se chāgeant en vne blācheur
extresme, au moyē principalement
d'vne siccité causee par la chaleur
du Soleil, qui la rēd plus forte, plus
cuite & plus endurcie apres longue
espace de tēps. Mais vne terre corruptible, frangible, sablonneuse, &
qui encor aucunement tendre se
pend piece à piece comme grappes
de raisins, est ordinairement plus
maigre, & par consequent ayant
moins de nourriture pour l'entretien de sa substance, est plus tardiue

& a receu trop peu d'humidité, ou de vigueur alimenteuse, ce qui la rēd beaucoup plus difficile à cuire, ne s'entretenant que comme par forme de roulleaux ou autre matiere mal adjancee. Or cette Terre ne se peut aisement reduire en pierre, si elle n'est extremement vaporeuse & remplie de grande humidité: mais il est bien necessaire qu'auec le dessechement des eaux qui prouiēt des ardeurs vehementes & continuelles chaleurs du Soleil, l'humidité de la Terre s'y maintienne tousiours : autrement cette Terre demeureroit comme morne & corruptible, & se desferoit aisement par morceaux. Ce qui toutefois n'a pas encor esté en icelle endurci du tout & parfaict, peut à la longue deuenir & se reduire en dure & forte pierre par l'operation continuelle de la Nature assistee de la chaleur du Soleil & longue decoction continuelle & sans intermission. Ainsi des fumees & des vapeurs susdites renfermees dans les pores de la Terre, lors qu'elles viennent à se ioindre aux vapeurs aquatiques auec la substáce de quelque terre fort subtile, digeree & bien purifiee par la vertu & influence du Soleil, des autres planetes, & de tous les Elemés ensemble, se peut reduire & mettre en œuure le vif argent.

Mais d'autát qu'il pourroit retirer de quelque durté subtile & flamboyante, l'on se peut bien seruir du soulphre des Philosophes, de la force & energie duquel conclud fort bien ce grand Hermes, quand il dit [que la vertu sera reçeue des superieures & inferieures planetes, & qu'auec sa force, il surpasse & penetre toute autre force, mesmes iusques aux pierres precieuses.]

46 *La Toyſon d'Or.*
FIGVRE QVATRIESME.

AVTRE SIMILITVDE.

HErmes le plus grãd Ouurier & le premier maiſtre de cet Art, dit que l'eau de l'air, qui eſt entre le Ciel & la Terre, eſt la vie de chaſque choſe, car par le moyen de ces deux particulieres & naturelles qualitez, chaud & humide, il vnit ces deux Elemens contraires, l'Eau & le Feu, comme vn milieu necessaire pour accorder ces deux extremitez. Et le Ciel cōmence à s'esclaircir aussi tost sur la Terre, que cette eau s'est infuse d'en-haut luy seruant de semence feconde introduite dans le col de son ventre, dont elle a conçeu vne douceur cōme de miel, & vne humidité certaine, qui luy font produire diuersité de couleurs & de fruits, d'où s'est esleué encor & creu cōme par succession de lignee dans les vestiges de leurs secrettes voyes, vn arbre de hauteur & grosseur admirable auec vn tronc argentin, qui s'estend amplement & largement par les places, & les quantons du monde. Sur les branches de cet arbre se reposoient diuerses sortes d'oyseaux, qui s'enuolerent tous vers le iour, puis y apparurent des

Corneilles en abondance, infinité d'autres & rares proprietez encor s'y retrouuoient, car il portoit beaucoup de sortes de fruicts, dont les premiers estoient comme graines menuës, & l'autre est appellee de tous les Philosophes *terra foliata*, la troisiéme estoit d'or le plus pur, entremeslé de force fruicts qu'on nóme de santé, reschaufant ce qui est froid, refroidissát ce qui est chaud, & ce qui a contracté par vne intemperie extraordinaire quelque chaleur excessiue, rendant le sec humide, & l'humidité seche amolissant ce qui est dur, & raffermissant ce qui est mol. Or toutes ces conuersions de contraires essences sont les plus asseurez pilotis de l'esperance de nostre Oeuure, *nostra operatio est naturarum mutatio*, disent ils communement.

Faire le corps esprit & l'esprit rendre Corps,
Les vifs faire mourir & reuiure les morts.

C'est

C'est la Pierre d'Aymát, le cercle parfaict où repose à garād le poinct du magistere, & le commencement de la fin pretenduë de tout nostre artifice. Cette maxime est vraie, que l'asseurance d'vn bon principe ne sert pas peu à consoler les esprits asseurez, qui s'embarquẽt neātmoins en crainte de ne pouuoir surgir au havre de salut d'vne bonne esperāce, se voyant assaillis de tant de durs escueils qu'ils font le plus souuẽt abandonner la prise aux meilleurs Nautõniers. Si toutesfois nous enuisageõs quelque doux Alcyon au milieu de nostre Tourmente, nous nous asseurons au moins d'estre encore demeurez en la vraye route de nos intentions, & par ce bon augure nous commençons à recognoistre *ex vngue leonem*, le Lyon à la patte, cõme l'on dit, respirans soubs le dur faix de nos plus grands trauaux ga-

D

yemét surmontez par l'esperance &
l'aspect asseuré d'vn bon heureux &
fauorable commencement.

Dimidium facti qui benè cœpit habet.

La clef noire des mutations reciproques de ces diuerses formes, ouure le Cabinet des secrets naturels, pour sóder la douceur & la maturité du fruict de l'Isle Colchique, que gardét le Dragon, & le Lyon deuorant, comparez à la poursuite de nostre Oeuure.

Pour atteindre le but de nostre Sacrifice,
Il faut par eschelons entre-suiure la lice,
S'aduançant peu à peu.

Salienus parle suffisamment de la varieté & difference de ce fruict, nous faisant assez ample mention d'vne Herbe qu'il nomme en suite de plusieurs, *Lunatica*, d'vne tige toute autre que les cómunes, & qui tire sa racine d'vn metal terrien, rougissante en partie, mais enuironnee d'vne noire couleur, ou propremét tachetee, facile toutefois à se corrompre & se deffigurer, côme voulant adandôner ses forces ordinaires pour renaistre bien plus belle & plus parfaicte, au renouueau de ses plus riches fleurs venues à iuste terme, laquelle septâte deux heures apres se rencontrant soubs l'angle de Mercure, se change au blanc parfaict d'vne tref-pure Lune, & conuertie derechef, se laissât bouillir quelque peu plus long temps par decoctiô, en Or de tel alloy qu'il change en sa nature la Centiesme partie de Mercure ; mais or bien plus parfaict que ne le peut produire la force de la Terre dâs ses minieres metalliques. Virgile en dict autât au sixiesme de ses Æneides, parlât d'vn Arbre aux rameaux d'Or qu'il faict récontrer à son Prince Troyê durât ses longues nauigatiôs ; arbre de telle excellence qu'il ne mouroit iamais, qu'vn

D ij

autre en renaissant continuellemẽt de luy, & succedant au premier par la multiplicatiõ de soy mesme ainsi qu'vn autre Phenix, ne rentrast en son lieu.

Figure 5.

c'est vn arbre chargé d'oyseaux ou vn homme monte auec vn eschelle et deux petites ſur leſ branches tiennent..

Troisiesme Similitude.

Auicenne traictant de l'humidité & de to⁹ ses effects, dit que l'on apperçoit en premier lieu quelque noirceur, lors que la chaleur faict son operation sur quelques corps humides. C'est pourquoy les Anciés Sages sás autremét deuelopper l'ambiguité de leurs figures ænigmatiques, disét auoir aduisé de loin vn broüillard qui s'esleuoit, enuirónant toute la terre & la rendant humide; ils disent aussi auoir preueu la grande impetuosité de la mer & le concours abondant des eaux nageantes sur toute la face de la terre, de telle sorte que la forme & la matiere destituées de leur force premiere & remplies de putrefactió, verront parmy les tenebres mesm esbranler iusqu'au Roy de la Terr qu'ils entédrót ainsi crier & laméter d'vne voix pitoyable & pleine de compassion. Celuy qui me racheptera de la seruitude de cette Corruptiõ, doit viure auec moy à perpetuité tref-content, & regner glorieux en clarté & brillante lumiere par dessus mon siege Royal, surpassant mesme & de prix & d'honneur le precieux esclat de mon Sceptre doré. Le bandeau de la nuict mit fin à sa cõplainte par vn charmeux sõmeil, mais sur le poinct du iour on vid sortir par dessus la persõne du Roy vne Estoille tref-replandissante, & la lumiere du iour illumina les tenebres, le Soleil paroissãt radieux entre les nuës ornees & embellies de diuerses couleurs: les estoilles brillãtes penetroient, d'vne odeur tres-odoriferante qui surpassoit toute sorte de bausme, & prouenoit de la terre vne belle clarté reluisante de rayõs esclatans; tout ce qui peut en fin seruir de contentemẽt ou de plaisir a-

greable à vn grãd Roy qui se veut
delecter aux rares nouueautez. Le
Soleil aux rays d'or & la Lune argentine entourãs cette excelléte Beauté se faisoient admirer de plusieurs
spectateurs, & ce Roy rauy en la cõ-
templatiõ d'vn doux ressentimét fit
trois belles & magnifiques Courõ-
nes, dont il orna le chef de cette
grande Beauté, l'vne desquelles e-
stoit de Fer, l'autre d'Argent, & la
troisiesme d'Or: puis on voyoit en
sa main droicte vn Soleil, & sept
Estoilles à l'entour qui y rendoient
vne tres-claire lueur; sa main sene-
stre tenoit vne pomme d'Or, sur
laquelle reposoit vn pigeon blanc,
que la Nature estincellante vint encor embellir d'Argent, & decorer
ses aisles d'Or.

Aristote dict que la Corruption 59.
d'vne chose est la vie & la renouation d'vne autre : ce qui se peut en-

tédre sur l'Art de nostre Magistere & preparatiō des humiditez corruptibles, renouuellees par cette substance humide, pour aspirer tousiours à plus de perfection, & à la cōtinuation d'vne plus longue vie.

Pandora m. 186. Figure 6. & 7.

Quatriefme Similitude.

Enaldus demonstre euidemmét la necessité & estroicte communicatió qu'ont les choses viues auec les mortes, en ces mots.
Ie veux, dict il, & entends que tous ceux qui s'addonnent à nostre Estude serieuse, & qui desirent ensuiure absolument le mesme ordre & la piste que nous y auōs tenue & deūmét obseruée à nostre cōtentement, facēt en sorte que les choses spirituelles se corporalisent, & que les corporelles se spiritualisent aussi par vne reciproque conuersion & dissipation de leurs premieres formes, afin d'en acquerir vne plus excellente, se releuant de cette mort, qui est la putrefaction, beaucoup plus glorieux qu'au parauāt

par vne legere & seule decoction.

Plusieurs autres des meilleurs Philosophes, vnanimes en cette proposition, nous payent tous de ces ou semblables paroles, *Solue & gela,* dissous & congele, ou du,

Si fixum soluas faciasque volatile fixum,
Et volucrem figas, faciet te viuere tutum.

dict la Fontaine des Amoureux.

Rends la terre legere, & donne poids au feu,
Si tu veus rencontrer ce qu'on rencontre peu.

Comme ia cy dessus nous l'auons remonstré en diuers endroicts: imitant encor en cecy Senior qui nous cōuie ainsi que font tous les autres, aux muances necessaires des matieres contraires. [L'Esprit, dict il, deliure le corps, & par cette deliurance l'ame se tire hors des corps, puis on reduit ces mêmes corps en l'ame: l'ame donc se cháge en vn esprit, & l'esprit de nouueau se faict corps.]

Car s'il demeure ferme au corps, &
qu'il rende de nouueau les corps
de soy terrestres, massifs & grossiers,
spirituels par la force de ces esprits,
c'est le but de nostre Oeuure : que
si le mesme n'arriue à ces corps metalliques, qu'ils ne perdent leur premier & naturel estre, pour reprédre
plus de lustre & de perfection en
nostre Ouurage, la premiere matiere destruicte en introduisant vne
autre par generation, c'est en vain
trauailler, & dissiper ses veilles & son
huile pour abbayer apres le vent.

60　　　*La Toyſon d'Or.*

Figure. 7.

VN hôme infortuné, deſcheu
des doux zephyrs de ſō bon-
heur, & r'enuoyé aux cruels ſuppli-
ces d'vn Cloacque treſ-ord, paroiſ-
ſoit auſſy noir qu'vn More confir-

mé, palpitant en son mal, & hors
de son haleine, pour les rudes efforts
qu'il emprunte de soy mesme,
n'espargnant rien de ses forces qu'il
ne les employe au salut de sa vie, &
à la deliurance de son corps relegué
aux intaictes prisós de ce bourbier
fangeux & plein d'immondicitez:
mais sa trop foible puissáce ne pouuant
seconder le vœu de ses desirs
pour sortir de ce lieu, & se voyant
en vain auoir importuné le Ciel de
cris, & l'aide de son industrie pour
se deuelopper d'vn si vilain cachot,
il eut tout le loisir d'attendre en sa
misere le dernier coup d'vne cruelle
mort, sans mendier plus auant le
secours fauorable de quelque ame
beneuole pleine de Charité, pour
l'attirer à la pitoyable compassió de
son piteux desordre: aussy se pouuoit-il
bien resoudre, quoy que par
force, à finir tristement l'abregé de

ses iours funestement talonnez des plus sombres malheurs de cet immonde & tenebreux Esgout, puis que chacú se rédoit sourd aus abois de sa Complainte, monstrant en son endroit vn cœur plus endurcy & plein de felonnie, que n'eust pas faict vn Rocher insensible.

D'vn desiré salut l'Esperance estant vaine,
Son but n'aspire plus qu'à la Parque inhumaine,
Lors que tout à propos vne ieune Beauté,
Suruint à son secours pleine d'humanité.

CetteDame estoit belle par excellence & de corps & de face, enrichie de superbes habits de diuerses couleurs, ayāt de belles plumes blāches mais bigarrees cōme celles d'vn Paō qui s'estendoiēt esgalement sur son dos, à la mercy d'vn vent benin & zephyre fauorable, les aislerons en estoient d'Or entrelassez de belles petites graines. Sur son chef bien ajancé elle auoit vne tref-belle couronne d'Or, & sur icelle vne estoille d'Argent; à l'entour de son col elle portoit vn Carcan d'Or, dans lequel estoit richement enchassé vn precieux Rubis d'excellent artifice, le plus iuste prix & la valeur duquel n'eust pas sçeu payer le plus grand reuenu de quelque puissant Roy: Elle auoit aussi des soulliers dorez aux pieds, & d'elle s'espandoit vne iouëfue & tres-odoriferáte odeur. Tout d'abord qu'elle apperçeut ce pauure desolé, d'vne Contenance gaye & d'vn ioyeux aspect, elle luy tend la main, & le releue de son extreme foiblesse, ia tellement destitué de ses premieres forces, qu'il ne se pouuoit plus supporter, ny garátir sõ corps pusillanime, desia sétant la terre: au peril eminent du salut de sa vie il n'entend & n'attéd pl⁹ riẽ d'asseuré que le vray Rebus des malheur miserables,

——————————— ——— *nullam sperare salutem.*

Ce qu'estãt recognu aux actiõs imbecilles de nostre langoureux, cette Dame s'aduance esmeuë de cõpassion, & le retirant benignement d'vne telle infection, elle le nettoye pur & net, luy faict present d'vn bel habit de pourpre, & l'emmeine iusqu'au Ciel auec elle. Senior en parle tout de mesme traictãt de ce subiect, voire encore en termes bien plus clairs. [Il y a, dict-il, vne chose viuãte qui n'est plus mortelle, ayant vne fois esté confirmee & asseuree de sa vie par vne eternelle & continuë multiplication.

Figure 8.

La Toyson d'Or. 65

Figure 8.

Cinquiesme Similitude.

Es philosophes pour ne laisser rien en arriere de ce qu'ils doiuent honnestemét descouurir de

E

cet art, luy attribuent deux corps, sçauoir est le Soleil & la Lune, qu'ils disent estre la Terre & l'Eau. Ces deux corps s'appellent aussi homme & femme, lesquels engendrét quatre enfans, deux petits hommes qu'ils nomment la chaleur & froideur, & deux petites femmes signifiees par le sec & l'humide : de ces quatre qualitez, il en sort vne cinquiesme substance, qui est la Magnesie blanche, laquelle ne porte aucune ride de fausseté sur le front. Et Senior poursuiuant plus au long cette mesme figure la conclud en cette sorte. [Quand, dict il, les cinq sont assemblez ensemble & viennent à estre vne mesme chose, la pierre naturelle se faict lors de toutes ces mixtions egales, qu'ō nomme Diane.] Auicenne à ce propos, dict que si nous pouuons paruenir iusqu'au cinquiesme, nous obtiendrons ce que tous les Autheurs appellẽt l'Ame du mõde. Les Philosophes nous expliquẽt soubz l'escorce de cette similitude l'essence & le modelle de leur verité par la demonstration d'vn Oeuf, pour ce que dás sõ enclos il y a quatre choses assemblees & ensẽble cõioinctes la premiere desquelles est le dessus qui est la coquille, signifiant la terre, & le blanc qui est l'eau ; mais la peau qui est entre l'eau & la coquille est l'air qui diuise la terre d'auec l'eau : le iaune est le feu & a vne peau fort deliee tout à l'entour de soy : mais celuy la est l'air le plus subtil, lequel est icy au plus interieur du tres-subtil, car il est plus adherant & plus proche & voisin que n'est le feu, repoussant le feu & l'eau au milieu du iaune qui est cette cĩquiesme substance, de laquelle sera formee & engendree la poullette qui croist par apres. Ainsi sont en vn œuf toutes les forces & vigueurs auec la matiere, de laquelle nature parfaicte & accomplie vient à estre espuisee: or est il de mesme necessaire que toutes ces choses se retrouuent parfaictemét en nostre Operation.

La Toyſon d'Or. 69

Figure 9.

Sixieſme Similitude.

Es diſcours des plus diſcrets ſont touſiours âbigus, & leurs graues eſcrits touſiours entre-meſlez

E iij

de quelque obscurité, s'entendant si bien tous en ce serment solemnel, que leur volonté n'est point mieux exprimee des premiers que des autres. Et c'est mesme pourquoy Rosinus en ce poinct conforme aux Philosophes, n'explique en l'Enigme suyuant l'operatiō de l'Oeuure, que par la face qu'il dict auoir veuë d'vne personne morte, mutilee en plusieurs endroicts de son corps, & tous les membres d'iceluy diuisez : mais le gros de la masse & le tronc dudit corps qui restoit encore entier paroissoit blanc comme sel, son chef separé des autres parties dudict corps estoit d'vn bel or, aupres duquel estoit vn homme fort noir, mal composé de ses membres, haure au regard & assez effroyable de veüe, qui se tenoit tout debout, le visage tourné vers ce corps mort, ayant en sa main droicte vn coutelas tranchant des deux costez aucunement entremeslé de sang, duquel comme cruel & de tout téps nourry au carnage & à l'effusion du sang humain il prenoit pour ses plus grands esbats & pour les plus voluptueuses delices de ses plaisirs, le meurtre violent & l'assassin volontaire, mesme de sang froid de toutes sortes de personnes. Il mõstroit en sa main gauche la forme d'vn bulletin où ces mots estoient escrits: Ie t'ay meurtry & mis ton corps en pieces, afin de te beatifier & te faire reuiure d'vne plus lõgue & plus heureuse vie, que tu n'as ressenty deuant que la mort eust conspiré contre toy par le tranchant de mon espee; mais ie cacheray ta teste à ce que les humains ne te puissent cognoistre, & ne te voyẽt plus au mesme equipage mortel que tu estois au parauant, & broüilleray ton corps dans vn vase de Terre où ie l'enseueliray, à ce qu'y estant en peu de temps pourry, il puisse dauantage multiplier & rapporter quātité de meilleurs fruicts.

La Toyson d'Or. 73

Figure 10.

![Figure 10]

Septiesme Similitude.

ES Oeuures d'vn Ouide poëte tres-excellent & graue Philosophe, nous font assez iuger de

sa capacité & de la grande experiēce & vraye cognoissāce qu'il auoit des effects merueilleux de nostre Magnesie, nous mettant en aduant la prudente preuoyance de ces vieux Sages, qui sagement curieux du renouueau de leurs iours sur-annez, s'opposoient vertueux par vn antidote souuerain & contrepoisō de la mort, aux dards enuenimez de ces fieres Eumenides, pestes cruelles de la vie, & de la cōseruation du genre humain, se faisans volontairement demembrer le corps en maintes & maintes pieces, que l'on faisoit ainsi boüillir, iusques à vne parfaite & suffisante decoction, pour changer la foible consistance de leur aage debile, en l'Estat naturel de force & de vigueur, se faisant en mourant rajeunir plus robustes, & leurs membres espars & mis en tant de pieces, plus estroictement reioincts & reünis ensemble.

QVEL EST LE PROPRE DE la Nature par lequel elle prend son operation.

TRAICTÉ QVATRIESME.

E Prince de la Philosophie Peripatetique & grād inquisiteur des recerches & curiositez naturelles, dict en ce qu'il a traicté de la Generation, que l'homme & la semēce produisent vn autre homme, estāt plus que certain que chacun & toutes choses engendrent leurs semblables, par la force animee & secretement particuliere de chasque semence, qui rend toute forme viuante chacune en son essence par plusieurs & diuers moyens, mais principalement par la chaleur operatiue & temperee du

Soleil, sans l'ayde infuse & l'assistance immediate duquel cette operation viuifiee n'agiroit aucun effet. Les Philosophes aussi reglez sur le moule parfaict d'vne sage Nature, sont forcez & contraincts de médier vn secours fauorable à leurs desseins & en la recherche de leur Oeuure, à la discretion de quelque autre support, & d'vn ayde emprunté.

Nulle chose iamais fut de tout poinct parfaite
Sans le support d'autruy, & ne se vid biē faite.

Ainsi le dict la Nature en sa Complainte. *Si tu m'ayde ie t'ayderay,*
Comme tu feras ie feray.

Si l'artiste ne seconde les desseins de la Nature, quoy qu'elle soit pleine de bonne intention, si ne peut elle pourtant nous mettre au iour & faire paroistre la volonté qu'elle a de soulager les hommes, & les rēdre de tout poinct au sommet de leur perfection : tout nostre artifice aussi ne peut pas prosperer en ses recerches vaines, ains demeurét infructueuses & inutiles sás la faueur que luy fait la Nature. Ce qui nous monstre bien qu'ils ont tousiours besoin d'vn entr'ayde l'vn l'autre, & que nostre Art doibt regir la chaleur auec la Téperature du Soleil, pour produire cette susdite Pierre : mais la poursuite & le bon succez de toutes ces choses doiuent estre considerees de nos Sages Emulateurs en sept diuerses façons, qui nous y ouurirõt la porte pour nous introduire benignemét aux Prolegomenes necessaires des parfaictes Chaleurs.

78　*La Toyſon d'Or.*

Figure II.

PREMIEREMENT il y faut de neceſſité pratiquer vne telle Chaleur, qu'elle puiſſe attendrir, amolir & fondre le plus fort de la terre, cuisant ensemble & le gros & le dur par le feu temperé d'vne corruption, qui est le commencemét de toute l'Oeuure, confirmé des bons Autheurs. *Si putridum non fuerit, fundi aut solui non poterit, & si solutum nō fuerit, ad nihilū redigitur*, dict fort bien Morien. Platon, *Nota quod sine corruptione penetratio fieri nō potest*, c'est à quoy, dit-il, tu te dois efforcer de paruenir, qu'à la putrefactiō. Apres lesquels le Philosophe dit n'auoir iamais veu animal croistre sans la putrefactiō: *& opus Alchymicum*, poursuit-il, *in vanum erit nisi antea fuerit putridū*. Parmenides dict aussi la mesme chose. [Si le corps n'est ruiné, demoly, du tout rompu & corrompu par la putrefactiō, cette occulte & secrette vertu de la matiere, ne se pourra tirer dehors, ny se conioindre parfaictement au corps. Le grand Rosaire tient cette opinion de tant de bons Autheurs tref-asseurée, la soustenant comme infaillible par cette figure Metaphorique. [Nous tenons pour Maxime veritable, que la Teste de nostre Art est vn Corbeau, volant sans aisles en l'obscurité de la nuict aussi bien qu'en la clarté du iour.] Mais par quel moyen elle se puisse faire, Socrate t'en baille vn bon aduis, parlant ainsi des premieres chaleurs conuenables à la Corruptiō. [Les pertuis & les petits trous qui sont les meates & les pores de la terre, s'ouuriront, afin qu'elle reçoiue en soy la force & la vigueur tant du feu que des eaux.

Figure 12.

La Toyson d'Or.

Figure 12.

12.

SECONDEMENT telle chaleur nous y est necessaire par la vertu de laquelle les tenebres soiét expulsees de la terre, le tout se rapportant au prouerbe de Seniot. La

F

chaleur, dit-il, rend toutes choses blanches, & toutes choses blãches deuiennent apres rouges: l'eau pareillement par sa vertu rẽd aussi les choses blanches, que le feu puis apres illumine, mais la couleur penetre lors & transfluit la terre subtilisee, cõme le rubis par l'esprit tingent du feu. A quoy conuient encor l'authorité de Socrate en ces mots: Esiouys toy quand tu verras vne lumiere admirable sortir des obscures tenebres.

Figure 13.

LA chaleur disposee, rapporte chasque chose à sa plus grande perfection, par la force secrete dont elle peut animer les corps au moyé d'vn agent de pourriture. C'est

pourquoy Morien dict, que rien ne
se rend animé qu'apres la putrefactiõ, & que toute la force du magistere ne peut rien, si cette corruption n'a precedé, ainsi que nous
l'affirme asseuremét la Tourbe des
Philosophes, qui d'vn commun
consentement attribue à cette chaleur, la iurisdiction & le pouuoir
de rendre les corps animez, en leur
donnant vne essence viuãte, apres
cette putrefaction ; de faire plein
d'humeurs & aqueux ce qui estoit
auparauãt ferme & solide, ou autres
semblables & contraires operatiõs,
par ce que la chaleur contient cette
proprieté que de fixer & resoudre,
& qu'en cela est le nœud de la matiere, auquel apertement consiste
la perfectiõ de l'ouurier. A ce propos deuons nous estroictement
obseruer comme vn precepte d'asseurance pour cõceuoir vne dou-

ce apprehenſion de pouuoir obtenir le ſalaire precieux & premedité de noſtre terre noire, le *Solue & gela,* que diſent ſi ſouuent les bons autheurs & ia de nous tant de fois rechanté. Ce n'eſt pas peu de cognoiſtre le feu qui faict cette putrefactió & pluſieurs beaux diuers effets deſquels depéd toute l'entree & la concluſion de noſtre Saturne.

Si tu veux prõptement cet Ouurage abreger,
Rends mol ce qui eſt dur, & le fixe leger.

Par ce que l'eſſence de noſtre Oeuure tire ſa force de contraires qualitez parfaictement vnies. Raſis en dict autant au traicté des lumieres, parlant de la neceſſité de cette mixtion metallique. Perſóne, dict il, ne peut pas rédre legere vne choſe peſáte ſás receuoir l'ayde d'vne choſe legere, non plus que tráſmuer vne choſe peſante, d'vne eſſence legere ſans l'entremiſe d'vn corps peſant.

F iij

Figure 14.

AV quatriesme la chaleur purifie chassant de son fouyer le moindre object de quelque impureté. Calid à ce subject dit qu'il faut lauer la matiere par vn Feu chaud, pour faire vne apparente mutation: aussi faut il sçauoir que les mineraux assortis & alliez ensemble descheent promptemét de leurs premieres habitudes par la communication reciproque de chacune de leur propre influence en l'infusion egalement dispersee par la totale masse de leur communauté, se despouillans d'vn vestement particulier pour en faire puis apres vne proportió esgale & mesuree à tout le gros de la miniere, & quittans les mauuaises senteurs de leur infection par le moyen de nostre Elixir renouuellé, duquel traitte fort à propos Hermes, quand il dict qu'il est tres-necessaire de separer le gros du subtil, la terre du feu & le rare de l'espois. Il me vient à propos de rapporter icy les conceptions du traicté d'Alphidius qui ne contredit en rien ce que nous en disons. Vous cognoistrez par la lecture exacte de ses doctes escrits, le mesme aduis qu'il en a du tout sẽblable à tant de bons & renommez Autheurs, qui nous ont tous laissé hesitãs au mesme chemin. La Terre, dict il, vient à se fondre, cõme vne eau, de laquelle il sort vn feu. Ouy, puis que la terre contient en soy le feu, aussi bien que l'air est cõtenu dans l'eau. Rasis no⁹ aduertit de mesme que certaines mollesses de l'art doiuẽt preceder la parfaicte operation de l'Oeuure, lesquelles nous appellons ordinairement & fort à propos, Modification, pour ce qu'il faut premierement fondre pour rendre la chose plus maniable, & que la matiere soit reduicte en eau qui est mollasse, & principe de toutes choses, *Ex aqua omnia fiunt*: ce qui se faict par la putrefaction: Car des le commencement de cette mondificatiõ on peut tirer quelque bon prognostic & ferme resolution de la Pierre des Sages, si les plus sales & diformes parties, cõme excremẽs nuisibles & superflus à la pureté de ce bel Oeuure, en sont entieremẽt excluses & separees.

90 *La Toyſon d'Or.*

Figure 15.

A V cinquième la chaleur s'esleue par la vertu du feu, & l'esprit caché de la terre sera renuoyé à l'Air. C'est ce que dict Hermes dãs sa Table d'Esmeraude en ces termes. Il monte suauement de la Terre au Ciel, & derechef du Ciel il redescẽd en Terre, où lors il reçoit la force de toute force. Puis en vn autre endroict: Fais le gros subtil & le subtil espois, & tu auras la gloire. Et Ripla en ses 12. Portes, n'en dict pas moins soubz vne autre figure. Tirez les oyseaux du nid, & puis les remettez dans le nid; qui est esleuer l'Esprit de la terre, puis le rendre à la terre. A ce mesme subiect disent les Philosophes, qu'ils recognoissẽt pour vn maistre de la sciẽce celuy qui peut tirer quelque lumiere d'vne chose cachee. Morienus confirme cette opinion comme sçauant, & tombant en mesme cadence que les autres, aux doux accords desquels nostre colóne se fortifie & s'accorde, il tire de la ceruelle de tant de differents & releuez esprits, l'indice le plus fort d'vne pure verité. [Celuy qui peut donner soulagement à l'ame, la tirant hors de la putrefaction, sçayt vn des plus grands secrets de l'œuure.] L'aduis d'Alphidius est icy tôbé sur la mesme rencontre en ces termes : Fais, dict il, que cette vapeur monte en haut, autrement tu n'en retireras rien.

Figure 16.

AV sixiesme lors que la Chaleur s'est tant & potentiellement multipliee en la terre, qu'elle ayt reduict les plus fortes parties vnies ensemble & renduës plus legeres elle surpasse en pureté les autres Elemens: mais il faut que cette chaleur soit augmentee à l'esgal & proportion de la froidure de l'homme. Calid nous authorise en cette opinió, & nous donne asseurance de maintenir ce que nous en auons iugé. [Esteins le feu, dict il, d'vne chose auec le froid de quelque autre chose.] Si ne faut il pas pourtant que la frigidité excede plus d'vn degré cette chaleur naturelle, pour ce qu'elle la suffoqueroit du tout, cōme le dict fort bien sur ce propos Raymond en la Theorique de son Testament.

La Toyson d'Or. 95

Figure 17.

AV septiesme, la chaleur tuë & amortit la terre froide. A quoy le dire de Socrate peut fort bien conuenir. Lors que la chaleur penetre, elle rend les choses grossieres & terrestres subtiles & spirituelles qui s'accommodent à la matiere, non pas à la forme finale, ne cessant d'operer auec elle moyennant cette chaleur susdicte. Ce que les Philosophes appellent plus ouuertement, distiller par sept fois, entendāt les sept couleurs qui se font par la decoction continuee dedans vn seul vaisseau & sans y toucher, laissant faire la Nature qui les deslie & mesle d'elle mesme par ses poids naturels.

Car la Sage Nature,
Apprend son poids, son nombre & sa mesure.

A quoy conformement pouuons nous dire ainsi par les Oracles sacrez de leurs bouches veritables. Tu as lors diuisé & separé les humiditez corrompues, le tout se faisant d'vne seule decoction.

Figure 18.

La Toyson d'Or.

Figure 18.

Ctor au quatriesme des Prouerbes donne vn autre enseignement, pour sçauoir bien regir & temperer la chaleur opportune &

G

le feu necessaire à nostre operation en ces termes : lors que le Soleil s'est retrogradé, qui veut dire debilité & remis en sa premiere matiere, il demonstre le premier degré, qui nous est autant qu'vn vray signal de pusillanimité infirme & imbecille, à cause principallement de la diminution de sa chaleur naturelle, lors qu'il est à la noirceur : puis il y a vn Ordre de l'air au Lion qui corrompt cette premiere chaleur naturelle, l'augmentant d'vn feu bruslant & plus digerant que le feu commun, & cette ardeur excessiue demonstre le second degré, qui prouient de la trop grande chaleur du feu, par lequel nous entendons la putrefaction, qui est la priuation de la forme : & derechef vn autre certain ordre de l'air gardié du troisiesme degré suyt de pres les deux autres, non plus bruslant, mais de qualité temperée, auec vne mediocre constitution de l'air & vn ordre mieux reglé, changeant sa violence en repos & tranquillité. Voyla le vray moyé de mettre fin à l'oeuure & le sentier asseuremét frayé pour cultiuer la vigne d'esperance, & paracheuer auec vn bon succez le chemin ia batu d'vn air delicieux & de prosperité.

OPERATION DIVERSE DE
toute cette Ouure comprise en quatre
briefs Articles aysez à entendre.

TRAICTE' CINQVIESME.

Article premier.

E premier eschellon
estably des Alchimi-
stes pour paruenir
à la Cime doree de
nostre bel ouurage,
s'appelle des plus experts en cet art
Hermetique, Solution, qui requiert
selon Nature mesme, que le Corps
soit bouilly iusques à parfaicte coction. Tout nostre magistere n'est
que cuire, *Coque, coque, & iterum coque, nec
te tædeat.* Plus tu cuiras, plus tu dissoudras, plus tu cuiras, plus tu blanchi-

ras, & plus tu cuiras, plus tu rougiras:
en fin cuis au cōmencement, cuis au
milieu & cuis à la fin, puis que cet art
ne consiste qu'à cuire : mais dās vne
eau se doibt parfaire la coction des
matieres, c'est à dire dedans vn vif-
argēt qui nous sert de cette matiere,
& dans le soulphre qui est la forme:
voulant plus clairement donner à
entendre que l'argent vital qui se
congele demeure adherant au soulphre qui se dissout & luy est annexe.
Iunge siccum humido & habebis magisterium.
Conuertis l'eau en feu, & le sec en
humide, en fin les Elemens les vns
dedans les autres, & tu auras vne plā-
che asseuree de ce que tu doibs pre-
tendre de l'esquif amoureux de nostre present Oeuure, *Conuerte elementa*
& quod quæris inuenies. Les plus sçauants
te promettent toute faueur, & te le
signeront quand tu voudras, si tu
sçais le moyen de ioindre le Mer-

G iij

cure & le soulphre ensemble. Or cette solutiõ n'est autre chose qu'vn certain Ordre de quelq; humidité coniointe auec le sec, proprement appellee Putrefactiõ, qui corrompt totallement la matiere & la rend du tout noire. Morien luy donne semblable effect auec pareille necessité de sa venue, pour esperer quelque chose de l'Oeuure, dont elle en est la Clef & le leuain des Philosophes. *S'il n'est, dit-il, pourry & noircy, il ne se dissoudra pas, & s'il ne se dissout, son eau ne se pourra g'isser par tout le corps comme il doibt necessairement faire, ny le penetrer & le blanchir.* Il faut mourir pour reuiure comme le grain de bled qui ne produict & ne germe iamais à profit, si premierement il ne meurt & ne se pourrit du tout.

Figure 19.

Article second.

LE secód rág est appellé Coagulation, qui toutefois peut estre dicte vne mesme chose auec la Solution, faisant mesmes effects, la diuersité qu'ō peut intermettre entre-deux n'estant causee que de tant soit peu de distance qu'il y a à parfaire les mutatiōs des premieres essences en natures diuerses, qu'on qualifie de diuers nōs pour s'opposer seulemēt à la cōfusiō des premieres intentions & pour en priuer les ignorās & y amener les enfans de nostre science à sa vraye cognoissāce. Cette Coagulation doncques remet de nouueau l'eau dās vn corps, car en se congelant il se dissoult, & en dissoluant il se congele, pour nous monstrer que le vif argent qui est vn dissoluant du soulphre metallique, & lequel il attire à soy pour estre congelé, desire de nouueau se conioindre à l'humidité radicale de ce soulphre, & ce soulphre derechef s'allie en son Mercure : & ainsi d'vne amitié reciproque ne peuuēt ils viure l'vn sans l'autre, s'arrestant

amiablemét ensemble, cõmen'estát
qu'vne nature, ainsi que tres-docte-
ment le publie Calid soubz le nom
de tous les Philosophes dans les secrets de son Alchimie, disant : Nature s'approche de nature, nature se
faict semblable à nature, nature s'es-
iouyt en sa nature, nature s'amande
en sa nature, nature se submerge en
sa nature, & se conioinct en sa nature, nature blanchit nature, & nature
rougit nature. Puis il adiouste, la generatiõ se retient auec la generatiõ,
& la generatiõ se rend victorieuse a-
uec la generatiõ. A bõ droict dõc disons nous que nostre Mercure sus-
dit recerche tousiours l'alliáce de ce
soulphre pour luy seruir de forme,
duquel il auroit esté separé auec tát
d'indicibles regrets, cõme ne pouuant patir la dissolution de deux a-
mants si parfaicts, que ce soulphre
qui sert de forme au Mercure le fait

reuenir à foy, & l'attire de l'eau de la terre fi toſt qu'il s'é eſt deſ-uny, afin que de ce corps compoſé de matiere qui eſt le Mercure, comme nous auons ja dict, & de forme qui eſt le ſoulphre, nous en puiſſiõs tirer vne eſſence parfaicte, en laquelle on recognoiſſe la diuerſité des couleurs qu'il eſt beſoin d'y voir, pource que la proprieté des choſes operátes ne cõmence pluſtoſt à ſe changer, que la pure conduitte & la ſeure entremiſe de ces choſes viuantes & animees n'y ſoiét prudemment regies & doctement conduites par la main des plus ſçauants qui en ont ja gouuerné le timon & la rame ; n'eſtant pas peu de choſe que de cognoiſtre vn bon pilote à trauerſer ſeurement cette mer qui ſoit muny d'vn bon vaiſſeau, c'eſt à dire trauaillant ſur la vraye matiere & ſçachant la portee & la meſure des choſes operantes;

par ce qu'en la Solution le Mercure est faict semblable aux operatifs, au lieu qu'en la Coagulation la chose est toleree, en laquelle se fera l'operation. Mais il se faut representer que cette science est fort à propos & par excelléce comparee aux ieux des petits enfans, par ce que tout art est iustemét nommé ieu, mais principallemét celuy des lettres, *ludus litterarum*, ausquels les bons esprits prennent plaisir, & les doctes autant de contentemét sans aucun ennuy que les enfans prennent de goust aux choses friuoles selon leur portee, & qui leur faict passer le temps à l'ayse & sans apprehension d'aucune incommodité, comme la figure presente nous en represente naïuemét l'obiect & le portraict.

108　　　La Toyson d'Or.

Figure 20.

Article troisiesme.

LE troisiéme degré des Naturalistes, est la Sublimation, par laquelle la terre massiue & grossiere se cō-

uertit en son contraire humide, & se
peut aysement distiller apres qu'elle
est changee en cette humidité: car si
tost que l'eau s'est reduite & rangee
son par influxion dans sa propre terre, elle retiét aucunemét desia la qualité de l'air, s'esleuant peu à peu & en-
flát la terre retenue iusques alors au
petit pied pour sa siccité beáte & de-
mesuree, cóme vn corps cópacte &
fort pressé, laquelle neantmoins y
reprend ses esprits & s'estend plus au
large par l'influéce de cette humeur
qui s'imbibe dedans, & s'entretient
par son infusion dedans ce corps solide en forme d'vne nuë poreuse, &
pareille à cette eau qui surnage dans
l'œuf, c'est à dire l'ame de la cíquies-
me substance que nous appellerons
auec bonne raison, *tinctus, fermentum, a-*
nima, oleü, pour estre la matiere la plus
necessaire & la plus approchante de
la Pierre des Sages: d'autant que de

cette Sublimation il en prouient des cendres, lesquelles propremét (mais sur tout moyennant l'assistance de Dieu, sans la bonté duquel rien ne reüssira) s'attribuent des limites & mesures du feu, esquelles il est clos & cōme de remparts naturels enfermé. Ripla en parle ainsi & du mesme sens que nous: Fais, dit il, vn feu dans ton verre, c'est à dire dās la terre qui le tient enfermé. Cette briefue methode dont nous t'auons liberalement instruict, me semble la plus courte voye & la vraye Sublimation Philosophique, pour paruenir à la perfection de ce graue labeur, fort à propos comparé pour sa pureté & candeur admirable, au mestier ordinaire des femmes, c'est à dire, au lauoir, qui a cette proprieté de rendre infiniment blanc, ce qui paroissoit en effect auparauāt sale & plein d'ordures, comme la suiuante figure te le fera parfaictement cognoistre. Mais encore premierement te veux-ie admonester que ie ne suis point seul qui donne mesmes effects à nostre Oeuure, qu'au mestier des femmes, n'y ayant rien de si commun dás les meilleurs Autheurs que cette vraye similitude. *Ludus puerorum* l'appelle *faict de femme & ieu d'enfant*, par ce que les enfans se souillent & veautrent en l'ordure de leurs excremens, representant cette noirceur tiree des propres mixtions naturelles de nostre corps mineral, sans autre operation d'artifice que de son feu chaud & humide, digerant & vaporant ; laquelle noirceur & putrefaction est nettoyee par la blancheur qui vient apres y prendre place se faisant maison nette & purgeant de toute ordure cette premiere couche imparfaite, de mesme que la femme se sert d'vne lexiue & d'vne claire eau pour rendre à son enfant la netteté requise à son entiere conseruation.

Figure 21.

Article Quatriesme.

LE dernier de nos articles aduertit le lecteur que l'eau se doit desor-

desormais separer & diuiser de la terre, puis se rejoindre & remettre ensemble de nouueau, afin que ces deux corps estroictemét vnis soiét vn homogenee, si serrez & alliez ensemble que la separation ne s'en puisse pl⁹ faire: Telle doit estre aussi l'intention de l'ouurier, autrement son labeur vainement entrepris ne prendroit iamais fin, ains demeurát tousiours en mesme estat, ne laisseroit rié à son Autheur qu'vn regret plein d'ennuis d'estre serf d'ignorance, n'ayant eu le pouuoir de reduire son oeuure en l'vnion naturelle d'vn seul corps composé de choses differentes, desquelles necessairement s'est-on seruy à la construction de ce rare Edifice; ne plus ne moïs que le sage Architecte, qui dresse vn bastiment de diuerses matieres, auquel neátmoins tant de varietez n'enfantent en l'idee qu'vne

H

seule & principale fin, qui est le bastiment, & vn tout assemblé de diuerses parties estroitemét vny dans vn corps compassé de plusieurs instrumens.

Ce qui se peut donc dire de nostre composition & des proportiōs qu'il y faut obseruer, est succinctemét cōpris en la brieue methode de ces quatre Articles precedens, sans s'alambiquer autremét l'esprit, rendu confus & esgaré par les sentiers entrelassez des vestiges ambigus, & des discours hyperboliques de tant d'Autheurs qui n'en parlent qu'à tastons ; de sorte qu'ils font errer les autres moins aduisez, soubs le voile ignorant de mainte obscurité, retenant en ceruelle ceux qui sont alterez & qui se iettent à corps perdu dans la fontaine sans cognoistre le fonds, sitost que le Soleil luisant faict briller de ses rays quelque superficie; si que desia se promettât tout au moins des Monts dorez, puis qu'il leur rid ainsi, ils trauaillent apres tous pantelans pour le penser surprendre, & prendre la Lune aux dents, dont ils se repentent tout à loisir & du peu de preuoyance de leur bouillante temerité.

Odi pupillos precocis ingenij. La patiéce viét à fin de toutes choses, mesmes des plus ardues, lesquelles sont ordinairement de plus de queste & de recerche, par ce que *difficilia quæ pulchra.*

C'est pourquoy la Tourbe dict; Patiemmét & continuellement: les autres, *nec te tædeat.* Et Augurel,

Puis patience en fidelle compagne,
Tousiours te suyue & tousiours t'accompagne.

Figure 22.

Du Gouuernement du Feu.

APres tous ces Articles nous auons à traicter de la vraye maniere de bien & methodiquement

gouuerner le feu en la proportion
de ses degrez, la cognoissance duquel nous est si necessaire, que sans cette science toute nostre operatiõ se rendroit inutile: asseurez mesmement d'auoir choisy la reelle matiere & de sçauoir le moyen de la semer en terre desiree, cela n'est rien, puisque,

Qui manque d'vn manque de toute chose.

Vno auulso non deficit alter.

Vn seul porreau le visage difforme.

d'autant qu'on espie de plus prés le moindre vice, qui suffit pour ternir & tenir toute la gloire en bride de quelque homme genereux, qu'on ne le loüe de toutes ses vertus, qu'il s'est acquis par ses graues merites. C'est donc pourquoy.

Le Sage inquisiteur ne doibt de rien doubter,
Et qui ne sçait pas tout, ne sçayt l'œuure gouster.

Vn regime de feu parfaict l'œconomie,
Qui regle les erreurs d'vne errante Alchimie:
C'est le fidel Agent qui dispose de tout,
Et qui ferme soustient le siege iusqu'au bout:
C'est le seul porte-clef de nostre Citadelle,
Qui pour garder son Roy faict bône sentinelle.

Pontanus nous en sçayt bien que dire, quand d'vne sienne Epistre il nous veut rendre sages à ses perils, (si les fautes d'autruy nous peuuent arrester,) qui par ce seul defaut s'eslongnoit à perte de veuë de ses desseins, n'auançeant non plus son œuure en deux cens diuerses fois qu'il le recómença, attaché neantmoins sur bonne & deuë matiere, que s'il n'eust iamais rien faict. Cette ignorance luy cousta cher & de temps & de despens, quoy qu'il ne fust que trop muny de belle patience requise en ce labeur : mais le feu naturel necessaire à ce beau corps, ne l'aydant de ses faueurs, il fut disgracié de sa prosperité, autant de fois qu'il voulut persister en son premier arrest, tant ce gouuerneur & pere de famille peut au timon reglé & aux ressorts de ce riche vaisseau : Fort à propos en pouuons nous donc icy parler, & descouurir en peu de mots ce qu'il nous en sera permis d'escrire. Lors qu'vne chose s'appreste à la chaleur, ce doibt estre de telle sorte qu'on n'y puisse recognoistre aucune emotion perceptible, ains seulement vn changement de son ordre naturel, comme celuy qui cóuient au Soleil, auquel cette chaleur se doibt du tout rapporter; qui est autant que si nous vous disions qu'vne chose terrestre & sans esprit, se peut rendre animee par le moyen d'vne chaleur naturelle & conforme à celle du Soleil & de la Lune, non excessiue ny bruslăte, ains seulement mediocre, & à l'esgal d'vn

H iiij

corps bien temperé. Or de quelles qualitez sont ces deux principaux astres celestes, Senior le demóstre, quand il dict que le Soleil est d'vne chaleur moderee, & la Lune froide & humide, mais comme moins parfaicte elle monte en haut aspirant à son biē & empruntāt de la plus noble partie ce qui luy máque, tāt qu'à la fin elle paroist autant en force & en vertu, que celuy qui les luy a fauorablement cómuniquees, si qu'ils agissent puis apres esgallement sur les corps de leurs celestes influēces, & les remplissent abondamment de leurs douces lumieres. Or comme la chaleur & l'humidité font les generations, & partant necessaires à nostre fin, disent tous les Autheurs, sur lesquels s'est asseuré Flamel en sō Sommaire Philosophique.

Car chaleur & humidité
Est nourriture en verité,

De toutes choses de ce monde
Ayant vie, sur ce me fonde,
Comme Animaux & Vegetaux,
Et semblablement mineraux.
Chaleur de bois & de charbon,
Cela ne leur est pas trop bon,
Ce sont choses trop violentes,
Et ne sont pas si nourrissantes
Que celle qui du Soleil vient.
Laquelle chaleur entretient,
Chacune chose corporelle,
Pour autant qu'elle est naturelle.

Aussi les attachons nous si estroictement au magistere des Anciens, que par la renouation de ces deux moyens, nous esperons faire sortir les rayons tous brillans de nostre beau Soleil, venant rafraischir son amoureuse ardeur dans le sein argentin de sa Lune espuree, dont nous voyons saillir mille petits soleils, c'est à dire infinis, & qui se peuuent sans fin multiplier; or cela est la vraye Pierre des Sages.

L'eschelle des Philosophes pour monter à la cognoissance de cette gloire, descouure entierement quel doibt estre le feu de nostre Magistere, & de quelle mesure l'Ame des Philosophes veut estre entretenuë, nous en produirōs comme en passant quelques diuersitez d'opiniōs: il est biē dict en ce lieu sus nommé, que la chaleur ou le feu requis à cet ouurage, est compris en vne forme vnique, mais c'est trop succinctement dire ce qui en est, *dum breuis esse laboro, obscurus fio.*

Quand mon discours trop court sert la briefueté,
Ie viens & deuiens serf de toute obscurité.

Nous nous esclaircirons de ce doubte, & dirons maintenant que quelques vns de la Tourbe, veulent que la Chaleur du premier appareil ou du premier regime, se doiue aucunement rapporter à la Chaleur de quelque poulle couuante: autres la veulent deuoir estre semblable à la Chaleur du corps humain, & telle que la parfaicte coction ou digestion des viandes enuoyees à l'estomach la desire, pour conuertir en substance du corps & en nature alimentee, la qualité & quantité necessaire des choses nourrissantes: d'autres encor la veulent rendre esgalle à la chaleur du Soleil, qui selõ les objects produit des contraires effects, quoy qu'immuable en sa nature, ainsi que faict nostre Pierre susdicte, qui sans aucũe operatiõ se peut paracheuer, changeãt son premier estre & se laissant mourir pour reuiure, à l'aide de celuy qui luy a causé la mort; pour ce que le feu des Philosophes retient les effects du Scorpion qui porte la mort & la vie, tuãt par son venim celuy auquel luy mesme appliqué sur la playe donne le dyctame de guarison. Le feu trop violent ruine ce qu'il rencontre, le mediocre raffraischist, & dissipe insensiblement ce qu'il veut entretenir & releuer de son humidité. Ainsi le dict Calid, *minor ignis omnia terit.* C'est le moyen d'esperer vne loüable fin dés le commencement du labeur entrepris, que de luy donner la chaleur téperee, laquelle sans brusler penetre si viuement iusques dans les entrailles de ce corps massif qu'elle amollit sa dureté & le faict ployer à toutes ses volontez, comme l'eau qui caue à la longue & par la continuë de sa patience les plus fermes Rochers, ce qu'elle ne feroit iamais à force ouuerte. La matiere alteree & posément eschauffee ne retient plus son lustre qu'en puissance, & changeant son beau teinct, elle se couure d'vn voile obscur infinimét noir, qui la rend comme lepreuse &

pourrie par tout le corps : aussi la Fontaine des Amoureux l'appelle elle lors, Or mesel & Plomb des Philosophes.

Quantum mutatus ab illo.
On le cognoist plus en sa deformité.

Mais le temps ameine-tout, dissipe au 2. changement les tenebres ombrageuses, & retire en sa saison son corps attedié des cachos noirs de sa longue prison, luy redonnant vne nouuelle forme affranchie pour ce coup de cette pourriture, de laquelle nettoyé il reprend plus luisant qu'il n'estoit, l'agreable face de son en bon poinct.

Et d'vn More parfaict il deuient Cygne blanc. 73.

La vraye chaleur requise à ces effects ne doit estre ny plus ny moins ardente que celle du Soleil, c'est à dire mediocre & temperee, pour ce que le feu lent est esperance de salut, & parfaict toutes choses, dict la Tourbe : mais cetre Chaleur necessaire és principes alteratifs de nostre operatiõ est au Signe des Iumeaux, & quád les couleurs sont venues au blanc la multiplication doibt paroistre, iusques à ce qu'vne parfaicte siccité se cognoisse à la Pierre. Or ne peut on mieux iuger si ce signe debonnaire y domine, que quand principalement la chaleur de nostre feu n'est en rien differente de celle du Soleil, car c'est ceste la qui y est sur toute autre requise, pour la gráde sympatie qu'il y a entre les deux, côtraires en eux mesmes & se changeãt selon les signes plus violés ou plus doux qui les gouuernent, naturellemét toutefois & sans aucun artifice. Mais si tost que la Pierre est dessechee & se peut reduire en poudre, le feu iusques icy mediocre &

La Toyson d'Or. 127

temperé doibt reprendre ses forces & plus ardemmét agir sur ce corps, à ce que par son ardeur augmentee il luy puisse faire changer d'habit, & muer sa robe blâche en vne de plus haute couleur plus voyante & plus vermeille, qui sont les liurees ordinaires & les riches vestemens de nostre grand Roy, deliuré de la prison dás laquelle si long temps il s'estoit veu serré & en grande souffrance, par la diligente poursuitte de son fidelle gouuerneur qui l'en retira. Le dernier degré de sa chaleur est tel que celuy qui regne soubz le Signe ardent du Lion plus esclatant & furibond que tous les autres, car c'est lors que le Soleil est le plus vehemét en son plus haut degré de chaleur & qu'il est esleué en la plus haute dignité de son celeste domicile.

Voila suffisammét traicté, pour la briefueté que nous recherchons de nostre Institution Philosophique du moyen qu'il faut tenir & estroictement observer au gouuernemét du feu des Philosophes, sans lequel tu trauailleras en vain, quiconque sois qui voudras essayer la derniere piece, pour remporter la meilleure perfection de cet œuure : il te doibt neantmoins suffire de ce que nous t'en auons dict, plus clairement que si le discours estoit enueloppé de plus longues paroles ; si tu m'entens ie t'en descouure assez, à la patte on cognoist le lion, & l'ouurier à son ouurage.

DES COVLEVRS NECESSAI-
res qui se demonstrent en la preparation de cette Pierre.

Lusieurs Autheurs de nostre labeur se semblent contredire & destruire l'vn l'autre en la diuersité de leurs opiniõs, & qui ne sonderoit de prés leur cõmune intention, ou si les plus sçauans ne preuoyoient des mieux à quel dessein cette varieté, ils pourroient bien long-temps suer à tirer vne essence d'esprit de leurs subtilitez, tant l'escorce noüeuse de leurs escrits doubteux est forte à esmonder en toutes ses parties, & principalement lors qu'ils veulent traicter des couleurs de nostre Oeuure, desquelles succinctement nous dirons quelq; chose: n'ayant pas toutefois entrepris de les deduire toutes, &

I.

retirer de leurs cachots l'vne apres l'autre pour les mettre en lumiere, ains seulemét nous croyrons nous estre assez desgagez de nos promesses, si nous en tirons des plus apparentes & qui retiennent les autres pour s'en seruir legerement aux affaires de simple consequence en leur gouuernemét, pour sonder le secret de ces testes plus meures & qui conduisent entierement l'œconomie & l'estat important de leur Seigneur, par l'intelligéce desquelles nous cognoistrons asseurement ce qui est mesme reserué au cabinet le plus sacré & plus interieur d'vn Roy si preuoyant pour nous en seruir au besoin, sans rechercher des moindres offices de sa Cour, la charge & les qualitez qu'y peuuent obtenir les officiers des moyénes couleurs. Miraldus l'vn de ceux de la Tourbe des Philosophes, dict sur noſtre propos, ayant en ceſte queſtion colligé le conſentement de tous les autres bons Autheurs, que noſtre Corps Metallique noircit deux fois, blanchit deux fois, & rougit auſſi deux fois, *bis nigreſcit, bis albeſcit, bis rubeſcit*, qui ſont les permanétes & principales couleurs, chãgeant à meſure de la chaleur plus ou moindre : car il eſt tres-certain qu'on y en recognoiſt vne infinité d'autres, mais pour ce qu'elles luy ſont accidentelles, nous ne les mertõs pas en ligne de cõpte, de peur de broüiller les ceruelles legeres auſſi bien que le papier, & que tant de couleurs que vous vous pourriez imaginer, dependent entierement de ces trois cy deſſus ſpecifiees, & reuiennent en fin ſur la Symmetrie proportionnee de l'vne de nos ſouueraines. Et n'eſt pas ſans raiſon que les Autheurs par l'inſpiratiõ de quel-

I ij

que sainct Antousiasme racourcissent cette diuersité au nombre ternaire mystique & deïfié où s'aboutit le terme glorieux de toute felicité. Entre ces trois pourtant (pour ne te rié celer de nostre briefue Methode) qui sõt les principales & permanétes du Roy terrestre & metallique des philosophes, no' en pourrons bié discerner quelques autres differentes & entremeslees, lesquelles neantmoins nous taisons industrieusement & de faict deliberé, pour n'estre que couleurs imparfaictes & non de telle nature & consistence qu'elles soient dignes, attendu mesmement nostre cõpendieuse intention, d'estre mises au rang de nos trois permanentes, noir, blanc, & rouge, pour les nommer selon leur rang, lesquelles absolument & immediatement comprennent toutes les accidentelles qui y puissent arriuer: partāt n'est il autremét besoin d'en escrire autre chose, sinō que pour le contentement des plus curieux, nous produisiōs les causes qui nous peuuent honnestemét mouuoir à passer soubs silence le nombre general de celles qui paroissent les vnes successiuement aux autres entre les principales sus mentionnees, pource que leurs effects sont de si peu d'effect, à l'esgard au moins des permanentes (nostre œuure naturelle n'agissant rien en vain) & leurs couleurs si peu apparoissantes, que s'escoulāt comme insensiblemét & quasi hors de veuë, nous les laissons plus soudainemét qu'elles mesmes ne nous quittent, car elles s'y arrestent d'vne desmarche si legere, que l'ombre à peine de leur substāce seulemét n'y paroist, qu'elles ne s'esuanoüissét aussi tost dās le vaisseau d'vn pas esgal à l'incōstāce.

I iiij

C'est pourquoy de s'arrester plus long temps à discourir de chasque espece & de leur proprieté particuliere, ce seroit n'auoir autre chose à faire, & prendre l'incertain pour la chose certaine, car de toutes ces couleurs qui viennent à pas tardifs & auec tant de lentitude qu'on ne les peut aysement discerner, nous n'y voulōs asseoir nostre plume, attentiue à des desseins plus releués, ains seulement sur quelqu'vne iaunastre & de legere couleur, mais qui retire à peu prés sur la blancheur parfaicte deuant la derniere rougeur, pour ce que celle la demeure assez long temps visible en la matiere, la comparant à la legereté des autres, & pour cette raison les Philosophes luy font ils tenir place de mesme principauté qu'aux autres, la tenant au rang des couleurs necessaires; non pas, disie, qu'elle s'arreste dans le vaisseau si longuement que les trois, qui y demeurent permanentes en la matiere l'espace de quarante iours chacune, mais pour autant qu'apres ces autres la, elle s'y tient le plus: lesquelles on a comparees aux 4. Elemens qui influent & dominent sur les corps autant humains que mineraux ; la noirceur à la Terre qui est le plomb des Philosophes & la base ferme pour asseurer le faix des autres; la blācheur à l'eau, qui sert de sperme à la femme du Ciel pour la generation ; la iaunastre à l'air, qui est le pere de la vie; & la rougeur au feu qui est la fin de l'œuure & sa derniere perfection. La noire qui s'apparoit deux fois aussi biē que la rouge, est beaucoup en credit entre les plus fameux, pour ce qu'elle porte la clef pout ouurir la porte à qui bon luy semble des couleurs, ayant vn feu qui luy admi-

I iiij

nistre toutes ses necessitez & de qui seule elle releue aussi, tenant les autres soubs sa loy, car sans icelle on ne peut esperer aucun heureux effect de toute l'entreprise: son humeur n'est pas si farouche ny si dur à plier que la rougeur, ains beaucoup pl^9 maniable & aysé à traicter, ne demande pour tous mets qu'vne douce chaleur qui puisse faire l'ouuerture du leuain corrompu, se laissât vaincre à la patiéce & à l'humilité plustost qu'à la rigueur & à la violence d'vn rude gouuerneur qui dissiperoit tout au lieu de l'amender. Senior seruât de loy à plusieurs bons Autheurs qui tous approuuét sa volonté sur le poinct que nous traictons, s'accorde à nostre aduis, quâd il remôstre en ses escrits, que la parfaicte decoctiô de la matiere se doibt entretenir d'vne chaleur temperee tant que le corbeau pourry se soit euanoüy & ayt cedé son rang à vne autre teinture. Puis donc que c'est le feu (au rapport de la Complainte de Nature parlant ainsi : Le feu est noble & sur tous maistre, Et est cause de faire naistre, Par sa chaleur & dóner vie &c.) qui tiét la main à l'œuure & le dispose à son plaisir, comme vn fidelle Truchement de qui l'œuure préd langue du chemin qu'il luy faut asseuremét tenir : ie ne m'estonne plus si les docteurs de la grande Tourbe ont annoncé par la doctrine de Lucas vn de leurs associez, qu'ils font grande estime de l'ouurier qui cognoist le feu & les saisons de le violéter. [Gardez vous bien, dict il, d'vn feu qui soit trop fort pour vn commencemét.] Que si deuant le temps, il est trop violét & hors de ses mesures, il bruslera ce qu'il deuroit pourrir, principe de la vie, & la peine inutile ne nous rapporteroit qu'vn extreme regret cõfus & desplaisir indicible d'vn salaire vainement attendu par vne voye illicite de violence, cause de rebelliõ & d'opiniastreté. C'est ce que dict fort à propos Marie Prophete. [Le feu fort, garde de faire la conionction] & la vraye dissolution de la nature. Et en autre lieu elle dict encor : [Le feu fort, teinct le blanc en rouge de pauot chapestre. A quoy s'accorde le Treuisan quand il dict, que le feu doux & temperé parfaict l'œuure, au lieu que le violent le destruict. Si donc en toutes choses la fin de toute entreprise est considerable dés son commencement, en cette cy principalement se doibton rendre plus attentif, par ce que si tu ne sçays la reigle de ton feu en chasque saison, qui est le plus grand heur de tes pretensions & qui meine entierement l'œuure à sa perfection, c'est faict de ton labeur, car en la cognoissance de l'ordre des couleurs cõsiste tout le poinct d'vne graue Sciéce & de l'arbre d'Hermes, selõ les Philosophes qui nous enchantét si souuét cette diuine leçon. *Aes nostrum si benè scis, sufficiet tibi mercurius & ignis.*

Le noir est le premier qui faict breche au vaisseau,
Le blanc le suyt de pres humide cõme vne eau,
Et le rouge en couleur tient la derniere place.

Balde en la Tourbe parlant des mesmes couleurs que nous deuons estroictement obseruer, nous aduertit de cuire nostre composition iusques à ce que nous la voyons deuenir blanche, laquelle apres il faut esteindre dans du vinaigre, par lequel il entend l'eau mercuriale de la matiere qui est le feu & l'eau philosophale. *Et aqua est ignis comburens solem magis quàm ignis*, diſẽt le grand Roſaire & la Tourbe : *Aqua noſtra fortior eſt igne quia facit de corpore auri merum ſpiritum, quod ignis facere non poteſt*, dict encore Geber à meſme fin. Il faut ſçauoir auſſi ſeparer le noir d'auec le blanc, car la blãcheur eſt vn ſigne approchãt de la fixatiõ. Or ne les peut on mieux diſtinguer que par vn feu de Calcination, puis que ſans l'addition & multiplication de la chaleur ſur la douce temperie de celle qui a precedé & dominé ſur la noirceur d'vne corruption, la diuiſion de nos degrez de couleur ne ſe peut ayſement faire. Ce qu'ayant en fin obtenu par l'induſtrie d'vn tel feu, il noꝰ reſte vn gros de terre, que pluſieurs ont appellé pere de la matiere, en forme d'vne terre noire & rude, qu'ils nomment leur Saturne, *Terram leproſam & nigram*, vne terre lepreuſe, pourrie, & noire, que quelques autres appellét le monde inferieur, laquelle ne se peut plus mesler auec la pure & subtile matiere de cette Pierre, car il faut separer du subtil le gros, & du rare l'espois; ce qui se fait en descuisant sans y toucher ny des mains ny des pieds, pour ce que *opus magnum semetipsum soluit*, se separe & diuise de soy mesme, disent Raymond Lulle & le Treuisan: L'Hortulan sur la table d'esmeraude dict le mesme, *cap. 7* [Tu separeras, c'est à dire dissoudras car la dissolution est la separatió des parties,] & qui sçayt l'art de dissoudre, il est paruenu au secret, seló Rasis. Or c'est là le refrain que no⁹ chátent sans cesse tous les bons Philosophes, lors qu'ils nous aduisent si souuét que le rouge & le blanc doiuent estre retirez du noir, & lors en luy ne trouue on plus rien de surabondant ayát resigné toute sa force aux susdictes couleurs, & n'est plus aussi subiect à diminution, ains le tout par apres se rend conforme au rouge tresparfaict; & c'est pourquoy le veulent ils tirer à force & vehemence de feu, au dire mesme de la plus saine part des doctes de la Tourbe. Lors que les couleurs, disent ils, viennent de plus en plus à se muer & alterer, le feu se doibt plus violemment augmenter qu'au parauant sans craindre desormais qu'il puisse rien gaster, car la matiere s'affermit sur le blanc, au temps duquel l'ame se ioinct inseparablement auec le corps, & les esprits descendus du Ciel en cette terre ne s'en departent plus. Ainsi nous le certifient les parolles du Philosophe Lucas. [Quand nostre Magnesie, dict il, s'est transmuee au blanc, elle appelle les esprits à soy qui l'auoient delaissee, desquels elle ne se separe plus.] Le Maistre des Philosophes

Hermes passe plus outre, & dit qu'il n'est ia necessaire de paracheuer la Magnesie blanche, iusques à ce que toutes ses couleurs soient accomplies, lesquelles se sous-diuisent en quatre diuerses eaux, c'est à sçauoir de l'vne à deux & trois à vne, la derniere desquelles parties conuient à la chaleur, & les trois autres à l'humidité.

Retiens aussi pour asseuré que les eaux susdites sont les poids des Philosophes, & ces mesmes poids sont les couleurs de la matiere, & les trois couleurs principales sont les trois feux des Philosophes; naturel, non naturel & contre Nature.

La comparaison que font les Amateurs de la sciéce, de nostre Oeuure, à la vigne, n'est point trop hors de propos, ie la proposeray succinctement pour n'ennuyer le Lecteur beneuole. Il faut sçauoir que le Sar-

mét ou la vigne qui en est le suc, &
comme la couleur blâche de la matiere, sera tiré hors de sa quinte essence, mais son vin sera paracheué
au troisiesme degré selon la vraye
proportion, car il s'augmente en la
decoction & se forme en la puluerisation, qui sont les seuls moyens
pour comprendre en soy le commencement & la fin de cette pepiniere naturelle. C'est pourquoy aucuns de nos docteurs nous ont laissé par escrit, que le Cuiure Philosophal sera du tout parfaict en sept
iours, par lesquels nous entendons
les sept couleurs metalliques, dont
la rougeur parfaicte est la derniere;
d'autres ne luy prolongent son terme de perfection plus aduant que
de quattre iours, qui se peuuent
rapporter aux quattre couleurs pricipales que plusieurs luy attribuent
seulemét, & desquelles principalement

ment depend toute l'Oeuure, d'autres ne luy donnent que trois iours, qui sont termes attribuez aux trois plus fortes & plus necessaires couleurs permanentes en la matiere, & quelques autres encor moins espargnans le temps & le liurans à bonne mesure, luy asseurent charitablement vn an entier pour se rendre hors de tutele, & pouuoir absolument apres vser de tous ses droicts, sans autre gouuerneur que de sa discretió capable d'entretenir vn móde de ses biens faicts & liberalitez: Ce terme d'an pour sortir hors de page, se peut encor accómoder aux quatre saisons de l'annee, & aux quatre elemēs, qui n'ont pas peu de droict sur nostre matiere. A quoy se rend du tout cóforme le iugement qu'en faict Alphidius, suiui de plusieurs autres de la mesme societé, iugeant la fin de l'œuure par la fin des quatre

K

temps de l'annee, au printemps, à l'esté, à l'automne & à l'hyuer, pource que derechef l'an est composé des quatre saisós: Plusieurs autres l'abregent en vn iour, qui est le temps de la decoction parfaite, metaphoriquement parlant, car vn an philosophal est tout le temps presiny de la decoctió, qui en vne semaine, qui en vn mois. Arnauld, Raymond, Geber, l'Hortulain & Augurel parlẽt de trois ans, par ce que chasque couleur est cóprise pour vn an. Toutes lesquelles diuersitez se rapportent à vn mesme but & à vn mesme sens, par la doctrine, experience & dexterité des plus capables qui la sçauent, mais qui recellẽt tousiours en leur arriere cabinet le temps, les noms & la matiere: ce que ne peuuent pas comprendre les ignorans, ausquels sagement par ce moyen les Sages interdisent la venerable entree de leurs

Escholes mysterieuses, comme Platon defendoit absolument la communication de son eloquence diuine, à ceux qui n'auoient la cognoissance des Mathematiques. Pratique estroictement obseruee des Philosophes en l'administration de leur œuure penible, ne la communiquát par leurs ambiguitez qu'à la capacité des fils de la Science, & à la fonde diligéte des esprits releuez & entédus en telles choses: que s'ils ne sont pas tels, ils ne s'en doiuent point mesler, ains pluftost s'esloigner du sueil de cette porte fascheuse pour eux, de peur d'y chopper trop lourdement & donner du nez en terre.

Procul hinc, procul este prophani.

DE LA PROPRIETÉ DE TOUte l'œuure & de l'entiere preparation de la Pierre.

Traicté Sixiesme.

LA Calcinatiõ ou dealbatiõ entre les Philosophes tiendra le rang qu'vn bon pere de famille faict en vne lignee, à laquelle il pouruoit de ses necessitez, aussi luy font ils tenir le premier degré de son Oeconomie dés le commencement de l'œuure, & luy cõtinuant le principal honneur de cette charge sur l'entiere administratiõ de nos metaux, iusques à ce que par sa discretion preuoyante, son vice-gouuerneur establi pour les rãger chacun en son deuoir, les ait reduits à la fin honorable de leur perfection. Or ayant icy subiect de traicter de cette Dealbatiõ & le loisir d'en dire quelque chose, il noꝰ faut remarquer que les Philosophes en establissent de trois façõs, dont les deux premieres appartiennent au corps, la troisiesme à l'esprit. La premiere est encor vne preparatiõ de l'humidité froide qui preserue le bois des iniures du feu, qu'ils appellent leur Saturne, par ce que Saturne faict la cõgelation des spermes : & de celle preparation deuëment faicte, nous conceuons en l'ame le bon succés d'vn heureux cõmencement. La seconde est vne humidité grasse qui rend le bois susceptible du feu, & cõbustible, laquelle on dict estre l'huile visqueuse des Philosophes, & qui vient apres la corruption: or cette huile la est celle qui donne la teinture, & le premier menstrue philosophal & leur premier vaisseau. Mais la troisiesme est comme vne incineration de terre seiche, qui est au blanc, doüee d'vne pure, vraye, fixe & subtile humidité, qui ne rend aucune flamme, ne laissant neantmoins de se former vn corps clair, transparēt, luisant, & diaphane cōme vn verre, qui est la pure & parfaicte blancheur, & la marguerite des Philosophes, & leur Or blāc, & la moitié de l'œuure : aussi que la Calcination ne leur est autre chose que purement blanchir. *Quando dealbatum fuerit aurum, post denigrationem eius, nominatur aurum nostrum, & calx nostra, & magnesia nostra, & aqua permanens*, dict subtilement Morien. Voila donc la maniere de calciner selon les philosophes, par le moyen d'vne eau permanente ou d'vn vinaigre fort qui est la quintessence de la matiere & l'ame de la Pierre. Mais notons en passant que les metaux participent tous de cette humidité radicale, laquelle n'est rien qu'vn commencement de toutes choses molles: aussi est-ce pourquoi

tient on asseurément la Calcination
des Philosophes, n'estre autre chose
que la blancheur, & la purgation &
la restauration de la chaleur naturelle: ou vn indice parfait, deuoyemét,
disturbation & expulsion de l'humidité superflue, & vne attractiõ d'vne
ignee humidité, qui est cette blancheur pure que nous nommons
Soulphre interne des philosophes,
separant le soulphre accidental & su-
perflu qui est la corruption ; autrement vne douce liqueur, de laquelle
prouiennent la substance animee de
nostre Oeuure, la quintessence sou-
ueraine de tout bõ heur, le meilleur
esprit & la vie, desquelles est tiree la
parfaicte rougeur, & l'heureuse fin
de l'Oeuure. Or cette liqueur se fait
ordinairement auec l'eau des Philosophes, qui est proprement la sublimation ou resolution des sages, ou
l'exaltatiõ & la blancheur, & leur eau

permanente: mais de telle force particuliere, qu'elle change bien tost la dure siccité en vn souple & maniable amollissement, tirant dehors la quintessence, qui est la Pierre admirable des Sages, & le Mercure vegetal qui separe & conioinct les Elemens. Ce qui arriue principalement à cause que la partie que la violence du feu a consommee & comprimee ensemble est deuenue subtile par l'esprit, qui est vne eau resoluante & vne humidité des corps corrompus auec vne chaleur amassee & annexee auec l'esprit & radicale humeur; toutes lesquelles choses font vne racine de tous les Elemés Philosophiques, lesquels il faut refaire de nouueau apres la corruption, qui sont ces quatre couleurs parfaictes, dont la rouge est la derniere.

Et puis te conuient par bon sens
Separer les quattre Elemens,

Lesque s tous nouueaux tu feras,
Et puis en œuure les mettras.

dict fagemēt la Fontaine des Amoureux de Science. Or la fublimation fe nomme vne vapeur terrienne plus groſſiere, mais fubtillement faite en vne humidité d'eau & inflammatiō ou humidité de l'air, auec chaleur de feu bien temperé, laquelle chaleur caufe abfolument la mutatiō & chāgement neceſſaires des Elemens : & quiconque ſçait cette mutuelle conuerſion des vns aux autres, celuy la eſt aſſeurément dans la parfaicte voye, en laquelle il trouuera ce qu'il y cherche dans la quinteſſence eſpuiſee des Elemens entiers, & ne retenans plus de leurs immundicitez fuperflues & fales ordures. Or cette quinteſſence eſt vne humidité operatiue d'excellente nature, laquelle donne luſtre à tous les quattre Elemens ſans eſtre comprimee, les trāſmuans en sa propre nature de quintessence, & cela s'appelle l'ame du monde comprise en toutes choses, que nous nommons aussi les feu des Philosophes. C'est encor la vraye fixation de laquelle parle Geber. Riẽ, dit-il, ne deuiendra ferme, soit qu'il reçoiue quelque lumiere, ou deuiéne vne belle & penetrante substance, car de là viẽt le soulphre des Philosophes, & la cédre qui en est tiree, sans la Lune qui est toute la maistrise & de tres-grand effect, car en icelle se conserue vne eau de metaux, laquelle se resiouyt au corps qu'elle anime & rend viuant: ce qui est vne mixtion de blanche & rouge teinture, & vn esprit figurant, car la Lune cõtient obscurément en soy la teinture du Soleil, qu'elle produit en forme de soulphre rouge sur la fin de la decoction, le tout par le moyen de l'ame du monde & le feu des Philosophes qui faict tout de soy mesme. Plusieurs noirceurs & corruptions se trouuent encor en cette ablution, par le feu chaud qui purifie toutes choses, & blanchit les choses noires, lesquelles vnes fois amorties & reduictes à neant, rendent en mesme temps la vie à la matiere, en laquelle on cognoist vne pure & entiere chaleur entremeslee d'vne douce humidité des metaux, desquels la matiere teincte reçoit force & vigueur.

La putrefaction tant desiree de tous les Philosophes, comme l'Ame premiere de leur meilleure estude, sera parfaicte & accomplie, lors que manifestement elle sera brisee & destruite de sa premiere forme & d'vne couleur noire, qui deuient blanche attirāt le secret en dehors par la corruptiō, car ce qui estoit caché auparauant icelle se monstre en euidéce & se rachepte de la mort, tant on donne de pouuoir sur nostre ouurage à l'essence noire du soulphre des Philosophes. C'est aussi ce que dict Arnauld de Villeneufue en son Rosaire: *Huius operis perfectio, est naturæ permutatio.* le tout ne consistant qu'en la cóuersion de diuerses natures. Raymond en la Theorie de son Testament en est de mesme aduis [L'art, dict-il, de nostre magistere depend de la corruption.] *Et dissoluimus,* adiouste il encore, *cum putrefactionibus.* Et en vn autre endroict, il dict que quiconque sçayt le moyen de pouuoir destruire, c'est à dire, dissoudre l'or, il est paruenu iusqu'au secret. Et, nostre pierre, poursuit-il tousiours, ne se trouue iamais que dans le ventre de la corruption. *Lapis noster nunquam inuenitur nisi in ventre corruptionum.* La Tourbe des Philosophes y contribuë aussi ces mesmes parolles. [La pourriture, disent ils, est le premier ascendant & la plus belle esperáce de toute l'œuure, laquelle descouure & met en veuë le plus haut mystere de cette operation.] Qui est principalement vne certaine distinction & vraye conuersion des Elemens,

En leur essence & premiere matiere,
D'où se collige & peut voir l'œuure entiere.

C'est de ce changement duquel nous aduertissent si souuent ceux de cette docte Tourbe apres tant d'autres anciés.[Change les Elemés, & ce qui est humide fais le deuenir sec & ferme.] Lesquels passás encor plus outre, asseurent que la matiere & ce qui en depend est, comme il faut preparee, lors que le tout est deüemét puluerisé & ne faict qu'vn corps ensemble; qui pour cet effect aussi est fort à propos nommé Conionction des philosophes. Considere donc encore vne fois que la Calcination se faict en vain, si quelque poudre n'en est tirée dehors, laquelle est l'eau des Philosophes, dicte Cendre d'Hermes ou pouldre de Mercure, selon mesme que nous le monstre Augurel en ces termes.

L'Eau que i'entends exterieurement,
D'vne pouldre a l'espece proprement.

La decoction est aussi vne des principalles & necessaires parties que doiuent rechercher ceux qui sçauent emploier la fleur de leur meilleure vacatiõ sur les essays de nostre magistere. Albert le grand est bien de cet aduis entre les autres Philosophes qui n'ẽ font pas moins d'estat, mais puis qu'il s'est le premier presenté deuãt mes yeux, i'en rapporteray les parolles. De tous les Arts, dict il, mesme des plus parfaits, nous n'en sçauons pas vn qui de plus pres imite la nature, que celuy des Alchimistes, à cause de la decoction &

formation qui se cuisent en vne eau rouge & ignee des metaux, tirans de prés les viues qualitez du Soleil & tant soit peu de la nature; aussi est-ce vne assation & cōmune dissolution des Philosophes, dont l'humidité se consommera peu à peu auec le feu clair: mais il faut bien prendre garde, que l'esprit qui est ainsi aride & desseiché du corps, ou ne correspondra plus audit corps, ou bien il ne sera encor assez du tout espuré & parfait.

La Distillation des Philosophes, autrement appellée Clarification, apporte vn grand aduancement à la conclusion de nostre ouurage, que nous disons estre vne certaine purificatiō de quelque matiere auec vne humidité radicale, lesquelles ioinctes font esperer aux Sages vne fin desiree de toute l'œuure; moyennāt cette coagulation, l'alliance parfaicte se faict & la conception du soulphrenon vulgal, & Corbeau ou du Faucon d'Hermes, qui se tient tousiours, (dict-il, auec le Treuisan) au bout des montagnes, c'est à dire, sur la superficie du metal, quand il est *Spiritus niger non vrens*, l'esprit noir & non bruslant, criant sans cesse: Ie suis le blāc du noir & le rouge du Citrin. La rencontre que i'ay faict d'vn bel Enigme sur cet Oyseau, me l'a faict recueillir le trouuant assez sortable à nostre subiect, en memoire duquel il a esté doctement cōposé; puis que la curiosité modeste de nostre œuure mystique y est comprise, i'en feray liberalement part à la souuenance & au merite du lecteur beneuole.

Enigme.

I'habite dans les mons, & parmy la planure,
Pere deuant que fils i'ay ma mere engendré,
Et ma mere sans pere en ses flancs m'a porté,
Sans auoir nul besoin d'aucune nourriture.
Hermaphrodite suis d'vne & d'autre nature,
Du plus

Du plus fort le vainqueur, du moindre surmonté,
Et ne se trouue rien dessous le Ciel vouté,
De si beau, de si bon, & parfaicte figure.
 En moy, dans moy, sans moy, naist vn estrange
  Oyseau,
Qui de ses os non os se bastit vn tombeau,
Où sans aisles volant, mourant se reuifie.
 Et de nature l'art en ensuyuant la loy,
Il se metamorphose à la fin en vn Roy,
Six autres surmontant d'admirable harmonie.

Le Rosaire nous parle aussi de la Coagulatiō qu'il compare au Corbeau qui vole sans aisles, laquelle se faict principallemēt par la dissolutiō causee de la chaleur, & par la congelatiō causee par la froideur, qui sont les deux moyens de la parfaicte generation. Hermes parlant de quelle chaleur toute l'œuure se peut entretenir dict en sa Table d'Emeraude, que le Soleil en est le pere, la Lune en est la mere, & le feu tiers le gouuerneur: nous remōstrant que sa force,
 Est toute parfaicte & entiere,
 Quand il retourne en terre arriere.

Et lors que par degrez cet Elixir vient à se muer en terre ferme, laquelle puis apres peut seruir à tant de diuerses operations qu'on ne les peut nōbrer, sur quelque corps propice qu'on la veille appliquer: Et pour cette raison la pouuons nous aussi comparer à vne aire bien fournie, qui conserue seurement tous les grains qu'on luy presente, & faict profit de toutes choses, comme nostre Art estant parfaict conuertit tout ce qui rapporte & approche de sa nature en sa mesme nature, & faict estant secouru de suffisans materiaux, des bastimens admirables & dignes d'vn parfaict Architecte du Soleil.

DE LA DIVERSE OPERATION
de l'Oeuure, de la Varieté des noms, &
des Similitudes dont vsent les Philosophes en cet Art pour
la preparation d'i-
celle Oeuure.

'Est vn dire cõmun entre les Philosophes que celuy la scayt industrieusement vn excellent Chef-d'œuure des metaux & se rend des plus grands maistres en cet Art, qui peut esteindre & amortir la viuacité du mercure : si ne se faut il pas pourtant arrester sur cette lettre si cruë, qu'il ne soit aucunemét besoin d'y gloser quelque sens, par ce qu'ils traictent tous diuersement de leur mercure. Nous mettrons en aduãt pour l'entree de leurs controuerses mercuriales, ce qu'en dict Senior, par la preference que luy donne son nom sur les au-

L ij

tres Autheurs. [Noſtre feu, dict-il, eſt vne eau, mais lors que tu pourras approprier vn feu à vn autre feu, & vn mercure à vn autre mercure, cette ſcièce te ſuffira pour la fin glorieuſe de tes pretenſions.] Vous voyez cõme il appelle ce vif-argent vn feu & vne eau, & qu'il eſt neceſſaire que ce feu ſoit faict par le moyen d'vn autre feu. Il dit encore que l'ame ſera tiree dehors par la pourriture, qui eſt la noirceur & premiere couleur du parfaict Elixir, laquelle s'influë de rechef dans ce corps mort pour luy faire part de ſon eſprit & le faire reuiure & reſſuſciter, à ce que le Sage philoſophe poſſede puis apres, & l'Eſprit & le corps paiſiblement enſemble de ſon œuure parfaict. C'eſt ce que dict encore la Tourbe parlãt de leur Mercure qu'ils appellent leur feu. [Prenez, dict-elle, l'eſprit noir non bruſlant, auec lequel il faut diſfoudre & diuiser les corps: cet Esprit est tout feu, dissoluant toutes sortes de corps par sa proprieté ignee, & les diuisant auec ses semblables en essence.]

Plusieurs autres tiennent que ce Mercure est proprement appellé quintessence, l'ame du monde, esprit, eau permanente, menstrue, & d'vne infinité d'autres nōs qui luy rapportent tous selon la diuersité de ses effects, auquel ils donnent tant de force & de vertu, que sans l'assistance de cette ame viuifiee, le corps de nostre vaisseau, c'est à dire la matiere noire qu'ils appellent le Dragon deuorant sa queuë, qui est sa propre humidité, n'obtiendroit iamais la vie, & ne feroit paroistre aucun signe de bon effect. Prens, disent-ils, ce vif argent, & ce corps de Magnesie noire, ou quelque soulphre pur & non bruslé, que tu doibs puluerifer & comprimer dans vn vinaigre tres-fort: mais tu n'y recognoiſtras aucune apparence de chágement ny mutation des couleurs permanentes, qui font les noire, bláche & rouge, toutes trois tref-neceſſaires, ſi le feu n'eſt de la partie qui le vienne à blanchir, & ne s'approche de cette compoſition, car c'eſt luy ſeul qui ſe reſerue cette proprieté, & qui le ſçait bien gouuerner, luy faiſant receuoir vne rougeur au dedás, laquelle, dict la Tourbe des Philoſophes, peut deuenir en or, ſe tranſmuant en certain Elixir dont on eſpuiſe vne eau, qui ſert à pluſieurs teintures, donnant la vie & la couleur à toutes celles qui luy ſont rapportees. Mais comme la noirceur eſt le premier qu'il faut cognoiſtre en l'ouurage, & qui ſert tellement de marche-pied aux autres, qu'elles y peuuent aſſeoir fixement quelles qu'elles soient leurs entieres demarches, car puis que celle là a precedé, toutes les autres y peuuent venir asseurement, aussi les contiét elle toutes en puissance. *Quicunque color*, dit Arnauld, *post nigredinem apparebit, laudabilis est*. Et quand tu verras ta matiere noircie, resiouis toy & te console en toy mesme, pource que c'est le commécement de l'œuure. Au grand Rosaire des Philosophes il dict encor, que toute la perfection de cette science consiste au changement de la nature, qui ne se peut faire que par le chemin que luy fraye heureusemét cette planche noire tant desiree, sans les vestiges de laquelle ce seroit, comme l'on dict, compter sans son hoste, auec lequel il seroit force de recommencer vne autre fois, & faire estat de l'autre comme de chose non aduenue. Mais si tu peux apperceuoir dans ton vaisseau le soulphre noir duquel nous traictons ici, *est nostri operis perfectio*, & vne attente infaillible des autres voyes necessaires. Voici ce qu'en estime cette graue & preuoyante Tourbe, à sçauoir, que la couleur Citrine & la rouge qui paroissent exterieurement, la noire estant ia passee pour faire ouuerture à celles qui la suiuent, sont extremement bonnes & pleines de bon succes, apres lesquelles vne autre couleur purpure fort precieuse & de grande esperance suruient, qui rend tout asseuré l'heureux euenement du triomphe, ou de la magnificence promise à nostre Roy: & cette couleur est le meilleur & le plus pur Mercure qui nous fournit les plus exquises teintures de nostre magistere toutes remplies d'vne tressuaue odeur. Or toutes ces belles & excellentes proprietez iustement octroyees à ce digne Mercure, demonstrent clairement l'estime qu'ē doiuent faire les Sages Philosophes, lesquels luy attribuent aussi d'vne cōmune voix non seulement l'honneur d'vn bon & fauorable commencement, mais encor croyent-ils qu'il preside heureusement à la perfection & totale cōclusion de l'œuure, tirant de son essence vn vray remede à toutes lāgueurs, & le regule glorieux de la felicité humaine, appuyee des fermes pilotis de son rare pouuoir & cimentee de la subtile viuacité de cet esprit volant.

Hermes ce grand Prince des philosophes n'ignorant rien des choses naturelles qui se peuuent apprēdre, y a tant recognu de proprietez, que l'excellence de ce Mercure a porté son esprit au delà de toutes les louāges qu'on peut modestement donner à vn corps mineral, pour le fauoriser d'vn eloge glorieux respondāt à ses propres merites & merueilleuses perfections. Voulant donc par vn abregé metaphorique descrire succinctement les particulieres proprietez de ce susdict mercure, il vse de ces mots. [Ie me suis, dict-il, donné de garde d'vn Oyseau, l'appellant ainsi pource qu'il est esprit & corps, premier né de la terre,

Trescommun, trescaché, tresvil, tresprecieux,
Conseruant, destruisant, bon & malicieux,
Commencement & fin de toute creature, &c.

car la corruption & la noirceur sont le cōmencement & la fin de toutes choses. Ce qu'Augurel en sa chrysopee confirme encor fort à propos quād il parle de cet Oyseau noir dissoluāt les corps par ces vers suiuans.

Et qui plus est cette nature efforce
Qui d'amollir ces deux metaux s'efforce,
En toute chose est naturellement,

La Toyson d'Or.

En luy donnant fin & commencement.

Les axiomes & principes naturels nous asseurans que la corruption vniuerselle est le sperme commun, le ciment & la semence propre à toutes generations. Mais en fin pour reuenir au naturel de nostre Oyseau, nous deuons remarquer en luy & recognoistre vne telle preuoyance, qu'il a bien l'industrie d'esquiuer & preuoir ce qui luy est contraire, prenant son vol tantost au signe du Lion ou de l'Escreuisse, & tantost au signe du Charriot & du Capricorne. Mais si apres tant de subtiles fuites, tu le peux arrester & corriger de ses legeretez retenant le cours de sa vistesse, tu pourras obtenir à iuste tiltre d'āphyteose perpetuelle de fort riches mineraux, & iouyr à longues annees de maintes choses precieuses, dont l'exquise valeur ne t'estoit encor venue à parfaite cognoissāce.

L'ayant en fin arresté tu le peux diuiser & separer en diuerses parties, faisant en sorte que tu t'en puisse reseruer quelque part, laquelle tu feras abbaisser iusques en sa terre morte & pourrie, aussi long temps que cet esprit volatil luy vienne ayder à se remettre sus pieds par sa forte nature, la decorant encor d'vne varieté de belles couleurs agreables, qui sont indices trescertains de sa Clarification : & lors que tous ces retours luy sont arriuez les bons Autheurs l'appellent, la Terre & le Plomb des Sages, de laquelle on peut heureusement vser, ayant acquise cette proprieté que d'eschauffer le vaisseau d'Hermes, c'est à dire, du Mercure, & distiller en temps & lieu, par nombre ou certaine distribution de la partie, qualifiant cette terre spiritualisee de diuers noms selon la succession des Couleurs & les diuerses operations de cet esprit volant sans aisles, en sublimant & rectifiant iusques au fond toute la masse qui se decroist, puis se purifie, & rend de plus en plus son teinct plus beau, iusques à ce qu'elle ayt atteint la premiere perfectiõ bláche auec laquelle elle subit la mort vne autre fois, pour retourner derechef, & tost apres à vne plus glorieuse vie, qui est d'vne teinture rouge. Fais encor putrefier ce corps & le puluerise iusques à ce que l'occulte & caché qui est le rouge interieur vienne à se demõstrer & manifester à veuë d'oeil: puis diuise & dissouls les elemens, de telle sorte que tu les puisse reioinre & reünir selon les occurrences, & puluerise derechef le tout tant que la chose corporee & materielle, deuienne en son essence animee & spirituelle: ce qu'estant cõmodement faict il te faut encor retirer l'ame du corps que tu rassembleras & rectifieras à son Esprit.

Ce gentil messager des Dieux Mercure plein d'inuentions & de subtilitez ainsi tourné de toutes parts, s'est acquis force lustre, duquel il faict librement & largement esgale portion à ses associez & plus proches voisins; comme à Venus, à laquelle il donne vne blancheur, à Iupiter trop violent il modere & diminue les forces, rend Saturne endurcy, & faict que Mars s'amollisse, donne à la Lune vne couleur Citrine, & resoult tous les corps en vne parfaicte eau, de laquelle on espuise la vraye source d'vne admirable vertu: ce que le Treuisan declare ouuertement en la pratique de son liure de la Philosophie naturelle des metaux, de sorte qu'il nous suffira d'enuoyer les lecteurs à ce qu'il en descrit pertinemment, sans nous y arrester plus long temps.

Les Philosophes encor nous enseignent sur le doigt les moyens necessaires de paruenir aux preparations du soulphre noir, iusques à la premiere nature du rouge, qu'ils appellent distillation, tant qu'elle arriue à vne gomme oleagineuse & aquatique, incóbustible, fort penetrante, & du tout semblable au corps, laquelle à cet effect est de plusieurs nommee l'ame, pour ce qu'elle viuifie, conioinct, infere & rend les Natures en Esprit. Ce soulphre ainsi reduit, surpasse en excellence tous les prix & les valeurs qu'on luy sçauroit donner, aussi l'ont ils grandement prisé & qualifié d'vn eloge d'honneur, quand ils luy ont prerogatiuement attribué le rare nom de laict de vierge ou de pucelle, *lac virgineum*, qui reuient aucunement à la forme de quelque

gomme rouge, toute d'or & ressem-
blant à l'eau des Philosophes, tres-
replendissante, qu'il faut coaguler,
communément appellee des Sages,
tinctura sapientiæ, teinture admirable de
Sapience, ou le feu vif des couleurs
permanentes, vne ame & vn esprit
qui s'estend loin par sa vertu se rendant volatil, ou se retire & restreint
quád il luy plaist, d'vne teinture fixe
dans ses indiuidus, c'est à dire dans sa
nature propre & homogenee.

Ce Mercure non vulgal est encor
appellé Soulphre rouge, gomme
d'or, or apparent, corps desiré, or
singulier, eau de sapience, terre d'argent, terre blanche, air de sapience,
(remarquez que l'enfant des Philosophes est né dans l'air) lors principalement qu'il a receu vne insigne
& parfaicte blancheur. Toute la
Tourbe des Philosophes arrestee
sur les circonstances qui doiuent
paroistre

paroistre sur la surface & sur le corps entier de leur fruict, en a legué ce iugement. Il faut, disent ils, sçauoir qu'on ne peut rendre l'or au rouge, qu'il n'ait passé premierement au blanc apres la corruption, pource qu'il n'y a point de voye aux deux extremitez de l'œuure que par la blācheur qui en est le milieu ; afin que vo⁹ obseruiez toutes les regles qu'il faut tenir en cette methode, puis que le desordre & le cētre de confusiō, qui se faict plustost suiure par les estafiers de la desolation que des auātcoureurs de consolation esleuez soubs la prudente discipline d'vn ordre necessaire à cette operation. Or toutes ces couleurs, quoy qu'elles soient d'vne mesme nature, & se retrouuent successiuement en vn mesme subiect, si trainēt-elles pourtant diuers effects, car il est vray que le blanc sera faict noir par le rouge, &

M

que d'vne eau pure la couleur cristalline paroistra du rouge citrin, toutes separees de quelq; secrete vertu particuliere. Morien te fraye sur les replis de son liure, traictant de la transmutation des metaux metaphoriquemét, la proportion & les degrez que tu doibs rechercher en la composition de ton labeur : *Fac*, dict-il, *vt fumus rubens fumum album capiat, ac deorsum ambos effunde & coniunge*, la fumee rouge doibt comprendre la blanche, & les ioindre toutes deux ensemble. Le Code de toute verité dict aussi sur le mesme suiect : [blanchissez le rouge, & rougissez le blanc, car c'est tout l'art, le commencement & la fin.] Senior parlant encor de cette varieté des couleurs, nous donne à entédre aux paroles suiuantes, le grand profit & necessité d'icelles. C'est vne chose admirable que de considerer les belles fonctions & les nobles factions de cet esprit mercurial, lequel si tu viens à ietter par dessus les trois autres defaillans, il porte aide & secours au blanc, & par dessus le citrin & le rouge, il le rend aussi parfaictement blanc qu'vne couleur de lys ou argentine, puis il aide & donne couleur au rouge par dessus le citrin le rendant comme albastre. Morien forme & conforme son iugement sur le fidelle rapport des plus experts en cette science, authorisant par son opinion ce qu'ils en ont traicté, la sentêce desquels a puis apres grauement passé en arrest de maxime irreuocable. Prens garde, dict-il, au citrin parfaict qui se deueloppe peu à peu de cette citrinité, pour se donner & acquerir vne plus ample & releuee augmentation de rougeur, s'estant au prealable demis premierement d'vne forte & puissante noirceur qu'elle auoit obtenue en sa premiere saisõ, pour seruir de terre, de base & fondement asseuré à la semence de toute l'œuure.

De tous ces Theoremes irrefragables solidement soudez en l'idee des plus fameux Architectes qui ont heureusement entrepris la fabrique industrieuse de cette excelléte Pierre, & cizelee de leur ouuriere main en cube de Hermes, nous pouuons facilement comprendre, Que l'or des Philosophes est tout autre que l'or commun ou l'argent, son plus proche suiuant & premier æmulateur de sa perfection, combien que la similitude qu'en donnét les sages enfans de la science, semble pourtát auoir quelque communicatiõ & familiere conionction auec l'or & l'argent cõmun, aussi bié qu'auec les autres metaux, qui manquét en effect de la mesme pureté & perfectiõ des pl⁹ hauts en couleur, mais semblables en puissance tédant tous auec le téps & le soin preuoyant de la nature à la mesme faueur & degré de qualité supreme de leur Roy tres-luisát, quoy que plusieurs Autheurs soiét d'opinion que les metaux impurs demeurét tousiours tels, sans iamais arriuer à plus haut lustre, & que le plomb retient tousiours du plomb, toutefois n⁹ voyós que l'excelléce de l'œuure est souuét comparee à ces inferieurs & imparfaicts metaux, pour l'affinité reciproque qu'ils ont ensemble, sinon d'effect, au moins d'espoir & d'esperance.

Considerez ce que fort à propos pour confirmer noz escrits en rapporte Senior, parlant des imparfaicts, qui neantmoins pretendent quelque iour de venir au pair des plus parfaicts, n'estans deuancez de leur essence plus noble, que de primogeniture & de temps seulement, ayans autrefois esté moindres en decoction, d'extraction aussi vile, & d'estoffe autant abiecte que la composition naturelle des imparfaicts, les plus parfaicts restans originaires & sans aucune difference de noblesse à la commune semence & principes vniuersels de ces abiects & sordides metaux. Ie suis, dict il, vn fer, (se seruát d'vne Prosopopœe pour le faire parler d'vn iargon plus que metallique) vn fer, disie dur & sec, mais tel en puissance & vertu, que chose aucune ne se peut esgaller à moy, car ie suis vne coagulation au vif-argent des Philosophes.] La Tourbe dict aussi que le Cuiure & le Plomb deuiendront vne pierre precieuse, qualifiant mesme la plus noble & parfaicte couleur de l'œuure & l'œuure mesme du nó de cuiure; aussi disent ils encor que le plomb est le cómencement de leur vray magistere, &

sans lequel rien ne peut estre faict. Autāt en ont ils exposé d'vn plomb rouge faict en vn blanc ou vn Venus de Mars. Et d'vn plomb blanc, (ont ils continué) tu en feras vne teinture blanche, qui est le soulphre lunaire, & lors ton labeur sera ia passé de la noirceur & paruenu au blāc, secōde liuree des officiers de nostre Roy, & le milieu proportionné de l'artifice. Et c'est pourquoy le Philosophe nous a enseigné qu'il n'y a rien de plus voisin ou qui s'approche plus de l'or & de sa nature, que le plomb, en ce qu'en luy consiste la vie, & qu'il attire à soy tous les secrets. Mais il ne faut pas prendre ces belles qualitez, de si pres à la lettre, ny rechercher au plomb commun ces rares preeminences, auquel ces vertuz & proprietez ne se peuuent trouuer, ains seulement en celuy qu'on appelle des Philosophes, d'autant que par la facilité de sa putrefaction & de l'infection de la terre puante, il obtient de l'auantage sur les autres metaux : c'est pourquoy ont ils tous dict auec Raymond Lulle, que sans la putrefaction l'œuure ne se peut faire, qui est l'eau, le feu & la clef de la parfaite Magnesie. A cette mesme fin Morié l'a doctement cōparé à l'arsenic, à l'orpimēt, à la tutie, à la terre pourrie & au soulphre puāt, à tout venin, poison & pourriture, pour la correspōdāce qu'il a auec ces choses; puis encor à d'autres corps qui ne sont point pourtāt du nōbre des mineraux, ains qui en retiennēt seulement quelques complexions, comme au sang & plusieurs autres semblables de telle qualité; & finalement à diuerses matieres minerales, comme au sel, alum & autres, toutes ces varietez luy estāt attribuees pour la grande & apparēte diuersité qu'il tient en ses effects, proprement rapportez à chasque espece particuliere de ces corps susnómez. C'est pourquoy dit Gebert, que leur Pierre est extraicte des corps metalliques preparez auec leur arsenic, c'est à dire auec la corruption. Et Calid en son miroir des Secrets. *Vnge folium toxico:* Oingts, dict il, le fueillet de venim, qui denote encor ceste susdite putrefaction.

Mais sur toutes choses Alphidius nous aduertit de bien prédre garde, d'entretenir & gouuerner prudémét vn corps animé, & vne Pierre presq; morte, qui est ceste noirceur, car en iceux en tát que tels, no⁹ n'y retrouuerós aucune voye, aucune proposi- tió ny deliberatió de nostre enqueste, pour ce que leurs forces ne s'augmétét nullemét, ains au cótraire s'anneantissent perceptiblemét sans aucun fruict, s'estant debilitees & anneanties, comme dict est, par la priuation qui leur aduient de leur chaleur naturelle, laquelle se diminuë iusques à la mort destituee de toutes ses premieres functiõs. Que si pourtant tu leur penses donner vn trop grand feu, pour empescher que la chaleur qui les nourrit & entretient, ne perisse, ta matiere deuiendra rouge deuant que de noircir, qui est la priuation de la vie, & ce faisant tu auras perdu toute ta peine : c'est pourquoy il te faut ayder d'vn feu tres-lét & naturellemét bien disposé, afin de reuifier ce que la priuatiõ auroit debilité par sa violéce dommageable. Car comme dict Ripla en ses douze portes, cent troisiesme chapitre. Garde tousiours que par trop grande chaleur, tes corps ne soient incinerez en poudre seiche, rouge & inutile, mais tasche à ton possible de les pouuoir rendre en poudre noire séblable au bec des corbeaux, au bain chaud, ou bien en noſtre fient, les tenant auant toutes choſes en chaleur humide iuſques à ce que quatre vingt nuicts ſoient paſſees, & que la couleur noire apparoiſſe en tō vaiſſeau, qui eſt ce premier ſel des Philoſophes, & vne teinture attirāt comme certain ſel alcaly & autres ſaumures des corps, laquelle ſe tranſmuant ſubtilement és choſes attirees, elle deuiendra pareille aux eſſences naturelles des natures metalliques.

Or les autheurs traictent diuerſement de la varieté tant de leurs Pierres que de leurs ſels, d'autant que la plus grande partie en conſtitue de trois ſortes en la perfection de l'œuure entiere : i'en prends à garand & pour teſmoignage aſſeuré de ma theſe la propoſition deſcrite au grand Roſaire en cette ſorte. *Tres ſunt lapides, & tres ſales ſunt, ex quibus totum magiſterium consistit.* Lucas Rodargire en traicte encor assez amplement en sa dissolution philosophique, arresté sur ce mesme nombre ternaire. Mais il ne faut pas oublier que Raymon Lulle appelle ces trois sels, trois mestrues, trois vases, trois vifs argés, trois soulphres, & trois feux, qui ne sont autre chose, à proprement parler, & non plus hyperboliquement en philosophe obscur, que la couleur noire, la blanche & la rouge, lesquelles sont tirees des essences naturelles de la matiere deuë. Les susdicts sels ont tant de puissance sur les parfaictes essences de nostre magistere, que Senior dict en ces termes : Nostre corps deuiendra premierement vne cendre, qui se verra reduite en sel, puis en fin paruiendra par son operation diuerse à vne mesure & degré tresparfaict du Mercure des Philosophes.

Mais d'entre tous les sels est à noter pour l'instruction & totale fabrique de l'œuure, que l'armoniac principalement y tient le premier lieu, surpassant en excellence l'impureté & l'essence moins noble de tous les autres, qui pour cet effect se trouuét beaucoup moins propres à nostre ouurage, ainsi que nous l'asseure Aristote en plusieurs endroicts de ses œuures, nous induisant par sa diserte plume, à nous seruir seulement du sel armoniac en nostre operation, d'autant qu'il s'est naturellement acquis l'art de dissoudre les corps, les amollir & les animer. Or rien n'est-il animé, ny nay ny engendré, sinon apres la corruption, comme dict Morien, qui est cette couleur noire, ou ce sel armoniac, & l'esprit noir dissoluant les corps. La Tourbe y adiouste d'abondant encores ces paroles, cōfirmant nostre affirmatiue. Il faut,

dict elle, entendre & parfaictement
sçauoir, que les corps ne prendront
aucune teinture, que l'esprit premierement caché dedās leur ventre
qui est encor cet esprit noir, n'ē soit
tiré dehors : ce qu'estant faict, il en
viendra vne eau & vn corps qui est
semblable à la nature, humaine & spirituelle, car elle contient alors corps,
ame & esprit, laquelle estant d'vne
essence & couleur delice, ne peut
parfaictemēt teindre cette grosseur
terrestre, si elle n'est subtilisee par cet
esprit & rendu semblable à luy, mais
l'esprit d'vne natute aquatique est
teinte en Elixir, qui pour cet effect
produira vne blanche, rouge, pure
& entiere fixatiō d'vne couleur parfaicte & teinture penetrāte, laquelle
se mesle entre tous les metaux, ainsi
que le Mercure celeste se ioinct à
chacune planete & se rēd de leur nature, s'estāt approché de quelqu'vn

de ses associez nobles ou imparfaits.

Mais encor faut il cognoistre que la perfection de toute la maistrise, depend de ce poinct vnique, qu'il faut tirer le soulpre hors du corps parfaict ayant vne nature fixe, car le soulphre est la tres-aciéne & tressubtile partie du sel crystallin, de saueur douce, delectable au goust, & d'humidité aromatique, lesquels estans par l'espace d'vn an dedás le feu, paroistrõt tousiours cõme cire fõdue, & partant s'en tient quelque partie dans le vif-argét, le teignãt en vn or trespur, & pour ce l'humidité ou eau que l'on tire des corps des metaux, s'appelle l'ame de cette Pierre, cachee dans ladicte humidité, car cette eau est dicte esprit, & la vertu dudit esprit se dict ame & teincture, qui teint & fixe toute ladite eau en pur or. Mais le Mercure ou la force & vigueur d'icelui s'appelle aussi esprit, quand il a tiré à soy la nature sulphureuse, & la terre aride est le corps, & le corps de la quintesséce, & l'extreme & absolue teiture, qui est la vraye essence & nature parfaicte s'emparát de toutes formes. Or quoy que ces trois ne prouiennét que d'vne seule racine, si ont ils neantmoins differentes & indifferentes operations, les noms desquels sont infinis, selon les couleurs qui apparoissent, & si le tout reuient à vn, sçauoir à cette finale rougeur, se seruant comme de chaisnons attachez si artistement les vns aux autres, qu'on n'y peut recognoistre aucune fin absolue, ains l'vne finissant son action ordinaire, l'autre la recommence, par ce que *prima forma destructa introducitur iterum alia,* dict à ce propos Raymond, lequel l'appelle encor en son Testament, *Catena deaurata,* qui est la societé du visible auec l'inuisible, & qui lie enséble

La Toyson d'Or. 193

ble tous les quatre Elemens.

C'est la belle chaisne dorée,
Que i'ay circulant decorée.

dict la Complainte de Nature. A raison dequoy Iean de Mehun en son Romant de la Rose, l'appelle paillarde, par ce qu'elle se conioinct indifferemét à toutes les formes les vnes apres les autres.

LES VERTVS ADMIRABLES
& forces sur-humaines de cette noble Tein-
ture, succinctement rapportees en la
derniere partie de nostre Institu-
tiõ briefue & facile à com-
prendre.

ES teintures, les plus exquises sõt volõtiers les mieux receuës, selon l'vsage des saisons qui leur donne la vogue & le cours entre les hommes,

N

par le desir non mesprisable, ains plustost tres-louable des esprits modestement curieux du prix inestimable de quelque honorable nouueauté, tant pour les emolumés qui talonnent de prés cette curiosité, que pour les honneurs premeditez & les bien-seances seantes & conuenables à leurs honnestetez, qui les espient en fin d'vn bon succez en l'étiere possessiõ des doux fruits pleins de felicité. Ce sont les deux plus fermes ressorts & les moyens plus apparens pour chatouiller iusques au vif d'vne douce esperáce & d'vne calme bonace les airs fauoniens & du tout fauorables à la paisible promptitude de nos souspirs, que les profits & les contentements de sauourer à plein fonds, quelque obiect meurement proposé, dans l'idee de nos conceptions, premieremẽt meditees qu'attachees fixement aux agraphes du

bon heur & de l'honneur de cette
delectable iouyssance. Or si naturellemét nous souspirons apres la chose autant aymable que dignement
aymee & desiree pour les causes pri-
cipalement cy dessus mentionnees,
à plus forte raison deuons nous aspirer à la possession parfaicte de nostre
merueilleuse teinture. Mais pour ce
que malaysement nous pouuós no^{9}
porter à la recherche penible d'vne
chose incognue, veu principale-
mét que la reelle & actuelle cónois-
sance doit premieremét estre occu-
pee dans les destours sinueux d'vne
viue imagination, qu'elle se puisse
solidement tenir & arrester aux
grephes auantcourieres d'vne hon-
neste amitié, & que les sés communs
soient prealablement diuertis à bien
cognoistre la chose aymable deuát
qu'elle soit aymee, ie traicteray en
peu de mots, & selon nostre portee

N ij

des mets delicieux de nostre ouurage tissu de la science naturelle, issue & fomentee dans la consciéce pure & nette des sages anciens, que ie dirois volontiers Mages esleuz à cet office par preference authorisee de la diuinité, & aux sacrees conceptiós de l'arbre mysterieux qui les a fauorisez d'vn si souuerain baume: afin que par la vraye cognoissance de ses rares raretez & qualitez particulieres, chasque ame vertueuse glorieusement esmeue des raisons esleuees soubz le vol aduantageux de cette glorieuse teinture, se rende aussi tost les esprits amoureusemét epris de sa grandeur admiree, que les aisles debónaires d'vne courtoise Renommee retient aux gages ordinaires de sa fidelité, pour annoncer à tous les sages l'estime qu'elle faict elle mesme de l'excellence de ses obiects, de tout téps venerables aux yeux plus

clairs voyans & mieux iugeans de
l'odeur tres-suaue d'vne telle harmonie:
la douceur de laquelle cháge
les vagues ondoyantes d'vn si doubteux
naufrage, soubmis à la mercy
de maintes craintiues irresolutions,
en Phare d'allegresse asseuree, par lesguille
nautique de leur dexterité, si
tost que le tournoy de cet esquif fragile,
mais de l'entier vaisseau, maintesfois
eschoüé, aborde en fin heureusemant
au port de salut & de cósolation
soubz les voiles rians & la
docte códuict des fameux pilotes &
benins Alcyons des Isles Iasoniques:
ce qui faict que leurs cœurs ia tous
rauis dans les Mausoles sacrez d'vn
sainct Anthousiasme fixement arrestez
aux doux attraicts d'vne telle
memoire, font fumer les Autels de
leur ardente deuotió dans le Temple
d'honneur & de recognoissance par
vn acte bien-veillant d'vne pieuse

humilité, en signe d'allegresse complette de leur contentement extatique, celeste & surpassant la surface apparéte des humaines contemplations, dont les graues idees sont seulement capables de pouuoir esleuer iusqu'à la cime sourcilleuse des plus hauts monts ouure-cieux, les essences formees de leur intelligences, par la viue effigie & naïue representation d'vn soleil terrien rayonnant icy bas autāt que le celeste, aupres duquel mesme ses brillāts esclairs portent peu de lumiere dans le cœur des humains, qui luy fōt à qui mieux paroistre l'hommage qu'ils luy doiuent, leur representant aux vifs eslans de ses moites ardeurs, les atomes vniuersels de l'image de sa gloire, dans les angles delicieux des minieres terrestres par les profondes perspectiues & sublimes proportiōs d'vn art mystique, Philosophique & du tout admirable.

Ie diray donc de noſtre Teinture dont l'eſprit animé s'eſt en ſorte rendu parfaict, qu'il parfaict entieremēt les couleurs plus parfaictes,

 Et qu'autre ſemblable à ſoy,
 Ne ſe peut trouuer d'alloy,
 Qu'en ſa propre eſſence:
 Surpaſſant heureuſement
 De ſes effects meſmement,
 La pure excellence.

De cette viue ſource les ſages anciés ont prudēment puiſé quatre points remarquables, extraicts d'vn plus grād nombre de ſes propres vertus: mais quoy? vertus ſi releuees de maximes infaillibles, que la Nature meſme y portant quelque enuie, ſembloit quaſi ſe former vn ombrage en la difficulté de lui ſigner pour approbation de tant de qualitez acquiſes,

Par vn acquiescement & libre & volontaire,
Cette puissance en tout toute hors d'ordinaire.

Il est vray qu'elles sont telles que la plus part ne les pouuant pas bien cōprendre, luy refusent cette croance, comme chose impossible & hors d'vne conception naturelle: de sorte que l'ignorāce grossiere de ces testes legeres, ne voulant recognoistre en autruy ce qui surpasse leur commune opinion, pensent tenir en bride les minutes surhumaines de ces perfections, & leur riuer le cloud d'vn si grād priuilege par les arrests de quelque ame incredule,

Soubs le foible compas d'vne vaine apparence,
Si l'effect d'vn bon heur, & si l'experience
Ne leur monstroit au doigt cette presomption.

Ou se releuoient le nez d'outrecuidance à ces ames bizarres, empoisōnees d'vn scrupule volage, & d'vn erreur plus que panique & profane, au grand mespris de nostre magistere; mais que dis-ie, non pas, ains plustost à la confusion de la césure phrenetique de tant de ceruelles legeremét tymbrees sur l'enclume mal polie d'vn monde entier de zoïles ialoux,

   Qui ne tiennent autre vie,
   Que de la detraction:
   Mais la saincte affection,
   Dont cet art diuin i'enuie,
   Consent que sans passion,
   Ie l'ayme n'aymant l'enuie.

EXPOSITION PARTICVLIE-
re des effects merueilleux de la vraye
medecine des Philosophes re-
digez en quatre remar-
ques generales.

E premier poinct de sa perfection est de preseruer la persone de quelque maladie qui luy puisse arriuer en son entier estat & salubre conualescence, luy communiquant cette bonne & parfaite disposition iusqu'à quelque nombre mesme des descendans de sa posterité, & chassant entierement par sa preuoyante operation, les causes menaçantes de nos maux qui pourroient iournellement accabler & matter nostre fragile infirmité, sans le prompt remede & souueraine precaution de ce dyctame singulier. Calid en son miroir des secrets d'Alchimie, dit qu'el-

le mondifie les corps de leurs maladies accidentales, & conserue leurs saines substances en l'entiere prosperité exempte de toute alteratió imparfaicte.

Le second accomplit & rend parfait le corps des metaux, selõ la couleur de la medecine : car si elle est au blanc, elle les transmuera tous en lune fine, & si au rouge, en soleil tresparfaict.

Le troisiesme change toute sorte de pierres en pierres precieuses, à mesure de la decoction qu'aura acquise nostre susditte medecine, la decuisant parfaictement.

Le quatriesme decuit tout verre, & le rend aussi en pierre precieuse de quelque couleur que l'on voudra, selon que la medecine aura esté plus ou moins decuicte, comme aux autres precedens poincts, il est ia remarqué.

L'Oeuure myſtique de noſtre Pierre eſtant parfaict & du tout accompli eſt vn don de Dieu ſi precieux, qu'il ſurpaſſe en ſes merueilles les plus admirables ſecrets des ſciences du monde: pour cette cauſe auſſi l'appellons nous apres tant d'autres bons Autheurs, le threſor incomparable des threſors. Platon l'a tant priſé, que qui, dict il, s'eſt acquis ce dõ du Ciel, il tient tout le meilleur du monde en ſa poſſeſſion, eſtant paruenu au comble des richeſſes, & au threſor des medecines. Les Philoſophes luy donnent la vertu de guerir toutes ſortes de perſonnes detenues de lãgueurs ou autres maladies quelles qu'elles ſoient: pris en breuuage vn peu chauffé & meſlé dans du vin ou auec eau tirée de quelque ſimple & qui ayt la proprieté d'ayder à chaſque mal, on ſera du tout guery en vn iour, s'il n'y a qu'vn mois qu'on

en soit affligé, en douze iours s'il y a
vn an, & en vn mois, si le mal est in-
ueteré: duquel la dose ne doit passer
le poids d'vn grain pour en vser vtilement, car plus grande quantité
pourroit plus nuire que proffiter.
Les hydropiques en sont gueris, les
paralitiques, lepreux, icteriques, apo-
plectiques, Iliaques, ethiques, de-
moniaques, insensez & furibonds;
ceux qui sont suiects aux tremble-
mens de cœur, aux fieures, mal ca-
duc, fremissemét de membres, dou-
leurs d'estomach, defluxions tant
des yeux que de toutes les parties du
corps, interieures & exterieures; cette medecine rend l'ouye bonne, fortifie le cœur, restablit les membres
imparfaicts en leur entier, chasse du
corps toutes apostumes, fistules, vl-
ceres; en fin pour abreger, c'est vn
vray baume contre toutes sortes de
maux, & vn singulier preseruatif des

infirmitez corporelles, resiouyssant l'esprit, augmentant les forces, conseruant la ieunesse, chassant la vieillesse & les demons, temperāt les qualitez, le sang n'estant plus suject à la putrefaction, le flegme n'ayant aucune puissāce sur les autres humeurs, la cholere sans violēce ny promptitude passionnee, la melancholie ne dominant qu'en son lieu & receptacle ordonné de la nature: bref en cet œuure on void du tout accomply le grād secret & le thresor incōparable des pl⁹ rares secrets de tous les Philosophes. Senior dit que cette proiection, rajeunit l'hōme, le rend dispos & ioyeux, l'entretenant en parfaicte santé iusques à dix aages. C'est pourquoy & non sans raison Hippocrat, Galien, Constantin, Alexandre, Auicenne & plusieurs autres celebres & fameux medecins, l'ont preferée à tous leurs medicamens, l'appellans medecine parfaicte & baume vniuerſel.

En ſecond lieu nous tenons pour maxime arreſtee par les experiences qu'en ont faict les Autheurs, qu'elle chăge les metaux imparfaits en pure lune & ſoleil tres-parfaict, rendant meſme l'argét en bel or treſpur, plus haut & plus entier que le naturel, conſtant & permanent en ſa couleur, ſubſtance & peſanteur.

Pour le troiſieſme il eſt tres-certain que cette pouldre, faict & engendre d'autres pierres precieuſes par ſa proiection ſur les pierres communes liquefiees, les rendant plus excellétes que leur naturel ne porte, comme iaſpes, hyacinthes, corals blanc & rouge, ſmaragdes, chryſolites, ſaphirs, cryſtalins, eſcarboucles, rubis, topaſes, chryſopaſes, diamans, & toutes autres differentes eſpeces de pierreries, qu'elles rend beaucoup meilleures & surpassantes en force & vertu les naturelles, que cette medecine peut toutes liquefier par sa proprieté.

Et pour le quatriesme & dernier poinct de nostre magistere, il a cette vertu, que de se communiquer aux animaux vegetaux, & en tous corps infimes pour les rendre parfaicts, n'y ayãt mesme si simple reptile icy bas qui ne serue de clairõ resonnãt pour annoncer la gloire de ce prix excellent, duquel mesme si vous appliquez tant soit peu sur quelque verre brisé & rompu, il se decoupe, & depart incontinent en toutes sortes de couleurs, qu'il purifie selon sa decoction, car quand il est permanent au verd, elle fera des esmeraudes, s'il paruient à la couleur de l'arc en Ciel qui paroist au vaisseau deuant le blanc, il fera des opales, si au Saturne, il produit des diamans, & si au rouge, au rouge, des escarboucles.

Mais de peur que les Sages ne portent quelque enuie à ma plume, d'auoir si naïfuement, & peut estre trop au iour à leur gré depeint le tableau des Philosophes, qu'ils ont tant ombragé de paisages obscurs, que les fétes étrelassees de leurs figures hieroglyphiques ne se peuuent decouurir que par les sens rassis de nos prudens Oedipes, la sciéce desquels franchissāt les Enygmes ialoux de ce Sphinx d'ignorance, trop ambigus pour des moindres ceruelles que nos Daues arguts & subtils en la science d'vne vraye philosophie, les a to⁹ heureusement deliurez des cruelles miseres de la necessité, iouissant paisiblemét du Royaume parfaict non plus de Thebes seulement, mais du Roy mesme & des puissances de la terre vniuerselle, par la dissolution d'vn nœud vrayement Gordien, proposé és cartels de deffi de ce monstre importun, & par la preuoyáce honorable de leur esprit, recompésé d'vn si grand prix que de posseder tout ce que le móde tient le plus cher en ses thresors, à l'endroit desquels le vœu de Platon est accomply, d'auoir en sa republique des Philosophes Roys & des Roys Philosophes pour regner paisiblemét. Pour euiter disic, la iuste reprimende de nos graues docteurs, ie feray fin à ce discours, puisqu'aussi bien la regle des proportions de nostre quarré Geometrique, congedie cette facile instruction de parler plus lóg temps, nous permettant d'y imposer silence, & clorre nos escrits par l'authorité du miroir tres-luisant des Secrets de Calid. [Qui l'aura sçeuë, dict il, la sçache & qui ne l'aura sçeuë, ne la pourra sçauoir.] Aussi croyons nous auoir assez viuement buriné pour le presét les vifs lineamens de cette briefue methode, au gré des plus sçauans, à la prudence desquels ie remets libremét la césure de mes defectuositez, s'ils y en recognoissét quelque marque descrite ; les prians neantmoins par les voyes ordinaires de ma simplicité, de prédre en bóne part l'inténtió de mes pieux desseins qui n'aurót iamais autre desir que de pouuoir tousiours profiter au public.

CONCLVSION

L'Ouurage le plus parfaict, le plus recómendable & le plus de requeste, est celuy la qui comble son ouurier des iouyssances de ce qu'il peut souhaitter à son vtilité, & qui combat pour la deffence de son maistre preuoyant contre les attaques importunes de l'indigence, mere des inuentions, desquelles les hommes se seruent seulement pour reduire au petit pied cette peste publique, ennemie coiuree de toute l'humaine felicité. Or si par le fort contrepoisó de cet homicide venin, l'homme dissipe & exhale heureusement les vapeurs de ses souffrances, pour sauourer tout à loysir, les biens que luy suggere vtilement le labeur de ses mains menageres, par l'industrie d'vn bel esprit, curieux de rendre & tesmoigner quelque bien-veillant deuoir de charité au besoin de son compagnon de plus grossiere estoffe, & consequemment de sens plus hebeté & de plus lourd iugement, à ce qu'il le puisse releuer du doubte de succōber aux pieges langoureux de la necessité, par l'excellence de quelque art chasse-soin ; chasque personne vaincuë d'vne iournaliere experience des artistes effects d'vn si

digne ouurier, le reuere en foy mef-
me, & loue en ce qu'il peut l'autheur
de cette inuention, qui conferue
l'entretien de la vie humaine : de-
meurerions nous brutalifans fans
voir fumer de l'ardeur de nos cœurs
des victimes confacrees à la viue
memoire de noftre teinture admirable, qui rēd fon poffeffeur hors du
pair de tous les hommes, l'efleuant
au fōmet de la felicité? deuiendrions
nous en ce bon-heur ftupides & in-
fenfibles aux honneurs deus à cet
œuure fublime? veu que le filence
mal feant & trop ingrat de noftre
bouche indifcretemēt muette, auroit en cet endroit mauuaife grace; fi
d'auanture ce defaut ne fe vouloit
purger fur la crainte raifonnable &
apparente d'auoir la langue moins e-
loquente que le fubiect nous pourroit fournir de matiere en affluence,
ou fi le defplaifir d'en difcourir trop

O iij

peu, ne retenoit noz leures bega-
yantes aux termes fpecieux d'vne
modefte taciturnité: car en ce cas
l'excufe d'vne infuffifance preten-
due, trouueroit lieu dás nos efcrits,
quoy que mal ayfement l'ingratitu-
de fi vifible de la mefcognoiffance
d'vn artifice, fi grand & fi parfaict
qu'il n'y a rien en ce val fub-lunaire
qui s'y puiffe efgaler, fe peut honne-
ftemét couurir à l'abry de quelque
vaine raifon deuãt to⁹ les iudicieux,
qui condamneront toufiours d'ana-
theme public, ceux qui blafpheme-
ront contre la vraye effence & reelle
nature de cet œuure admirable,

Image tref-parfaict de la diuinité,
Que le Ciel aux humains a benin fufcité,
De beau, de precieux, de rare, & d'excellẽce.

Mais pour ce qu'il n'eft pas à propos de prophaner les marguerites, les
Sages Philofophes tres-aduifez, n'en

ont aussi traicté que par figures enygmatiques, en paroles obscures, collocutions & dialogues hyperboliques, ou similitudes ombragees, afin qu'vne si belle perle ne peut estre contaminee des holocaustes impurs de personnes abiectes, & non sanctifiees selon que le requiert ce tressacré mystere. Les ames pusillanimes n'osent pas entreprédre de suër lógtemps apres les pas de la Vertu, pour leur sébler de difficile accez & de penible cóquest, au lieu que les esprits genereusement nais & ne degenerans de l'aigle legitime, qui regarde d'vne veue asseuree les rayons du Soleil, quelques brillans qu'ils soient, ne recullent iamais pour aucune apprehension des chemins espineux: Aussi l'honneur prenāt plaisir à cette viue poursuite, les conduit par la main apres maintes trauerses, & ne les quitte point qu'ils ne soient arriuez au haut du Mont de leurs felicitez, pour triompher heureufement de la fertille moiſſō & des labeurs enſemencez dans le terroir de leur perſeuerāce, qui vient enfin à bout des palmes glorieuſes. La valeur des Argonautes ne peut eſtre diuertie de leur celebre entrepriſe par les Syrthes perilleux qui les vouloient fruſtrer du bon-heur de leur cōqueſte, qu'ils ne la pourſuiuiſſent à la pointe de la conſtance, ſoubs laquelle leur vertu ſe rendoit immortelle: auſſi ne furent ils deceus du doux fruict de leur gloire eſperee, puis que le tēps ameine tout leur remit à la longue entre les mains le ioyau precieux qu'vne ame caſaniere n'euſt oſé ſe promettre ny mettre le voile au vent ſoubs l'incertain des ondes inſenſees pour la deſpoüille honorable d'vn ſi riche butin. Autāt en pouuōs nous iuger de noſtre œuure, le choix ſe faict des Nautonniers esleus à cette affaire dans le conseil des Cieux, encor n'y abordent ils & ne l'emportent qu'apres vn lõg trauail, appuyé de patience pour amollir le cœur de nostre Pierre, qui sçayt bien diuiser de la commune & confuse Oeconomie de ce large vniuers, ceux qu'elle veut retenir à ses gages, & se donner à eux apres auoir premierement & meuremẽt examiné leurs consciences ou prudemment tiré les vers du nez de leur discretion, pour en faire vn ferment propice à sa grãdeur: car elle prend son temps pour se laisser vaincre à la fidelle perseuerance de ces sages Caualliers de la Toysõ, ausquels seuls elle se communique, non indifferamment à tous, & non tousiours encor, ains en certaine saison, puis qu'elle attend son temps ; que les espics blonds tournent à maturité, que le fruict de la terre se soit ia conserué plusieurs annees, & que les cerueaux posez de ses coheritiers soient capables de ce dot nuptial.

Car Geber dict que vieux estoient,
Les Philosophes qui l'auoient:
Et toutefois en leur vieux iours,
Ils iouyrent de leurs amours.

Auquel aage principalement la prudence & la vraye preud'hommie, ou iamais, se rendent familieres des hommes, qui doiuent en ce temps grisonnant auoir faict banqueroute aux vestemens d'vne trop prompte ieunesse. Et c'est pourquoy Senior dict que l'homme d'esprit & de bon iugement peut aysement comprendre le vray moyen d'aborder heureusement au Cap d'esperance de cet art, lors qu'il se donnera tout à faict & sans discontinue à la lecture des bons Autheurs, par le moyen desquels il sera illuminé, & trouuera l'entree facile pour paruenir en fin à la vraye cognoissance de ce diuin Secret: ainsi le tient quelque moderne autheur en ce quatrain suiuant, conformement à tous les bons essais de la vraye science.

Souuent le poil grison deliure les Oyseaux,
Que le Saturnien loge dans nos vaisseaux:
Et la viuacité du Mercure volage,
Ne se dompte iamais que dans l'esprit du sage.

FIN.

www.ingramcontent.com/pod-product-compliance
Lightning Source LLC
Chambersburg PA
CBHW071935160426
43198CB00011B/1412